UNVERGESSLICHE FEST MENÜS

Für Dietrich und Henna

GITA MARIA VON HÜLSEN
MARIE-LUISE SCHMICK

UNVERGESSLICHE FEST MENÜS

FALKEN

Im FALKEN Verlag sind in gleicher Ausstattung erschienen:
Kalte Platten (4427)
Chinesisch Kochen (4441)
Kochen mit den Meistern (4445)
Fisch & Meeresfrüchte (4511)

Der Verlag dankt den Firmen Eschenbach Porzellan GmbH in Windischeschenbach, Schott-Zwiesel-Glaswerke AG in Zwiesel sowie Wilkens Bremer Silberwaren AG für die großzügige Unterstützung der Fotoarbeiten mit Geschirr, Gläsern und Besteck. Außerdem danken wir dem Porzellanhaus Franzen, Düsseldorf (Geschirr Seite 28/29, 72/73, 94/95 und 128/129), der Firma Stanka, Rheinbeck (Gläser Seite 2/3) sowie C. & S. Fraling GmbH u. Co., Nordwalde (als Unterlegung für die Seiten 16 bis 153 fotografierte Tischdecken).

Die Deutsche Bibliothek – CIP-Einheitsaufnahme

Unvergessliche Festmenüs : von Januar bis Dezember ; perfekte Vorbereitung, raffinierte Rezepte, stilvolle Tischdekorationen / Gita Maria von Hülsen ; Marie-Luise Schmick. – Niedernhausen/Ts. : FALKEN, 1991
  (FALKEN Sachbuch)
  ISBN 3-8068-4525-5
NE: Hülsen, Gita Maria von; Schmick, Marie-Luise

ISBN 3 8068 4525 5

© 1991 by Falken-Verlag GmbH, 6272 Niedernhausen/Ts.
Die Verwertung der Texte und Bilder, auch auszugsweise, ist ohne Zustimmung des Verlags urheberrechtswidrig und strafbar. Dies gilt auch für Vervielfältigungen, Übersetzungen, Mikroverfilmung und für die Verarbeitung mit elektronischen Systemen.
Titelbild und Fotos: TLC-Foto-Studio GmbH, Velen-Ramsdorf; Foto Seite 9 und 10:
A63 Schilling & Schmitz, Köln
Grafische Gestaltung der Menükarten Seite 19, 31, 41, 53, 63, 75, 87, 97, 109, 119, 131 und 143
AS Design Ilse Stockmann-Sauer
Satz: Grunewald Satz & Repro GmbH, Kassel
Druck: Karl Neef GmbH & Co., Wittingen

817 2635 4453 6271

INHALT

VORWORT — 6

EINLEITUNG — 7

RUND UM DAS MENÜ — 8
Der Stil des Abends — 8
Die Wahl der Gerichte — 8
Der Einkauf — 8
Praktische Küchenutensilien — 9
Der Aufbau eines Menüs — 10
Tips zum Servieren — 11
Hinweise zu den Rezepten — 12

DER SCHÖN GEDECKTE TISCH — 13
Von Tuch bis Teller — 13
Menüs in Szene setzen — 15

DIE MENÜS
März: Frühlingssehnen — 16
April: Mille Fleurs — 28
Mai: Spargelfreuden — 38
Juni: Eine spontane Einladung — 50
Juli: Ferienerinnerungen — 60
August: Sommerliche Blütendüfte — 72
September: Lilles Kressepark — 84
Oktober: Herbstspaziergang — 94
November: Fisch, Fisch übern Tisch — 106
Dezember: Heute, Kinder, wird's was geben — 116
Januar: Tulpenfest — 128
Februar: Maskerade in Rot-Weiß — 140

ANHANG
Für den Empfang — 154
Sorbets — 156
Kleine Vorratskammer — 158
Organisationspläne — 162
Rezeptverzeichnis nach Jahreszeiten — 174
Alphabetisches Rezeptverzeichnis — 176

VORWORT

Die Zeit der Imbißbuden und der Fast-food-Restaurants hat, allen Unkenrufen zum Trotz, auch eine neue Ära des kultivierten, stilvollen Essens anbrechen lassen. Wer die Currywurst zwischen lärmenden, qualmenden Autos auf dem zugigen Rastplatz am Rand der Straße hastig verschlingt, freut sich dabei meist bereits heimlich auf den gedeckten Tisch, der ihn daheim oder bei Freunden erwartet. Gäste stilvoll zu bewirten und den Tisch ausgefallen zu schmücken – mit Porzellan oder Steingut, mit Silber- oder Stahlbesteck, mit Holzbrettchen und buntkariertem Tuch oder mit Damast und mit Weinranken, Vergißmeinnicht, Holunderbeeren oder Rosen –, das ist in unserem Zeitalter der Wunsch vieler Gastgeber. High-Tech einerseits und einfache Alltagskultur andererseits gehören zusammen. Gerade in der hochtechnisierten Wohlstandsgesellschaft sind einfache Genüsse gefragt. Das Vergnügen, alles kaufen zu können, hat viel von seinem Reiz verloren, die individuelle Kreativität ist wieder in den Vordergrund gerückt. Nicht das, was einer kaufen kann, erfreut die Gäste, sondern das, was er aus den gekauften Gegenständen macht. Dies schafft eine persönliche Atmosphäre, die sich wohltuend von der „genormten Welt" abhebt. Gäste zu verwöhnen, das bedeutet mehr als nur die flüchtige Beschäftigung mit Herd, Topf und Porzellan. Es beginnt mit dem Gang über den Markt, ohne Hast, bei dem Sie sich vom Angebot inspirieren lassen. Dabei sind die Blumen so wichtig wie das Gemüse, die Früchte ebenso wie Wild und Geflügel, Fleisch genauso wie Fisch. Nicht Speisen im Überfluß sorgen für die Zufriedenheit der Gäste, nicht luxuriöse Delikatessen garantieren den gelungenen Abend, sondern die Umsicht und Sensibilität, mit der die Gastgeber das Menü auswählen, den Tisch decken und Gäste einladen, sind entscheidend: Wer sind die Gäste, wie sollen sie verwöhnt werden? Welche Blüten bringt die jeweilige Jahreszeit hervor, welcher Duft sollte die gedeckte Tafel umwehen, welches Farbenspiel die Freunde empfangen? Mit solchen Gedanken stimmt sich der Gastgeber auf die Stunden mit seinen Gästen ein. Er entspricht damit dem neuen Wunsch nach persönlicher Nähe, nach Zuwendung und Freundlichkeit, der in Zukunft immer mehr Verbreitung finden wird.

Aus einer immer größeren Vielfalt wählen wir alle immer souveräner aus: Was paßt zu mir, wer sind meine Freunde und in welcher Atmosphäre fühlen sie sich wohl? Der Gedanke, immer mehr zu besitzen und schneller zu konsumieren, bestimmte das vergangene Jahrzehnt; heute steht die individuelle und originelle Verwendung der erworbenen Güter im Vordergrund.

Darum ist dieses Buch ganz anders als die sonstigen, unzähligen Koch- und Servierbücher unserer Jahre: Es spricht von den Bedürfnissen, die in uns allen erwacht sind, für die aber erst wenige die Worte finden. Die neue Lebenskultur schenkt allen Sinnen Aufmerksamkeit. Nur wer Düfte wahrnimmt, kann mit Genuß essen, nur wer sich Farben bewußt macht, kann es sich wirklich schmecken lassen, was seine Zunge berührt, nur wer das Zusammenspiel von Auge und Ohr, Zunge und Tastsinn, von Nase und Gaumen ernst nimmt, wird die passende Blume zum jahreszeitlichen Dessert finden, die Dekoration zum Wild so sorgsam auswählen wie die Kräuter. Die neue Vielfalt ist zuallererst eine Vielfalt der Empfindungen.

Um diese Vielfalt der sinnlichen Erfahrungen zu kultivieren, darum ist dieses Buch geschrieben worden. Und bevor es geschrieben wurde, wurden alle Tafelfreuden erlebt und erprobt.

Prof. Dr. Gertrud Höhler

EINLEITUNG

Für den, der gerne kocht, ist nichts schöner als Freunde zu einem Essen einzuladen und sie zu verwöhnen. Zwar wollen wir damit keineswegs behaupten, daß Gastlichkeit ausschließlich von den kulinarischen Fähigkeiten des Gastgebers abhängt und Freundschaft nur durch den Magen geht, doch sicher pflichten Sie uns bei, daß aus dem Spaß am Kochen ein zweites Vergnügen resultieren kann, nämlich das, Gäste zu bewirten. Denn nur selten zieht es jemand vor, das mit Liebe Zubereitete ganz allein zu genießen.

Vielleicht denken Sie häufiger daran, zu einem netten Abendessen einzuladen. Doch allzuoft setzen Sie dies nicht in die Tat um. Der Wunsch, Gäste gekonnt zu verwöhnen, verlangt eben eine große Anstrengung vom Gastgeber, wenn er zugleich der Koch ist, und vor allem dann, wenn er keine Hilfe hat. Die Speisen richtig zuzubereiten und optimal gegart auf den Tisch zu bringen, gleichzeitig aber den Gästen genügend Zeit zu widmen, kann zu einem Problem werden.

Wir haben darüber nachgedacht, da uns dies doch selbst häufig zu schaffen gemacht hatte. So entstand die Idee, Menüs zu komponieren, deren Gerichte bereits einige Tage im voraus zubereitet werden können. Dadurch haben auch berufstätige Gastgeber die Möglichkeit, ein Diner in mehreren Gängen in Ruhe vorzubereiten.

Damit ist der Grundgedanke unseres Buches schon dargelegt. Bei dem unüberschaubar großen Angebot an Kochbüchern fanden wir nur selten eines, das sowohl hohen kulinarischen Ansprüchen genügte, als auch auf die häuslichen Bedingungen, unter denen gekocht wird, Rücksicht nahm. Wir wollen deshalb mit unserem Buch Erfahrungen, die wir auf diesem Gebiet gesammelt haben, an Sie weitergeben.

Wir haben 12 Menüs zusammengestellt, für jeden Monat eines. Und da auch das Auge mißt, zeigen wir Beispiele, wie der Tisch hübsch und ansprechend gedeckt werden kann, so daß die Dekoration das Festmahl optisch unterstreicht.

Unsere Menüs sind meist für sechs Personen gedacht. Die Rezepte haben sich bereits häufig bewährt und sind so konzipiert, daß die Gastgeberin an dem Tag, an dem die Gäste kommen, auch noch genügend Zeit für sich hat. So kann sie am Nachmittag mit den Kindern spielen, sich ausruhen oder zum Friseur gehen. Der Abend gelingt bestimmt besser, wenn der „Chef de cuisine" entspannt ist und nicht bis zur letzten Minute in der Küche mit den Töpfen jongliert.

Unter diesem Aspekt lassen sich natürlich nur bestimmte Rezepte auswählen. Köstliche Tellergerichte der Nouvelle Cuisine etwa sehen verführerisch aus, doch häufig fehlen sowohl Platz als auch Zeit, um sie entsprechend zu arrangieren. Wir geben deshalb zum Beispiel einem wunderbar saftigen Braten den Vorzug, der im ganzen dekorativ serviert werden kann.

Natürlich sind einige Kenntnisse notwendig, damit unser Menü gelingen kann. Wir wenden uns daher an solche Leser, die Erfahrung im Kochen haben, die ausgesprochen gerne kochen und sich dafür auch Zeit nehmen. Wir wollen aber auch diejenigen ansprechen, die trotz Routine vor jeder Einladung immer noch Lampenfieber haben. Dies wird vielleicht bleiben, aber wie sie sich etwas entlasten können, versuchen wir in unserem Buch aufzuzeigen. Natürlich gibt es auch andere Lösungen, meistens teure und manchmal auch unbefriedigende: So bietet sich Ihnen natürlich auch die Möglichkeit, einen Partyservice oder einen Koch zu engagieren oder den Braten beim Metzger zu bestellen. Doch macht es nicht zufriedener, wenn man selbst kreativ ans Werk geht und seine Gäste kulinarisch verwöhnt?

Vielleicht sollten wir den Begriff „kreatives Kochen" zunächst erläutern. Wir verstehen darunter nicht, immer wieder neue Gerichte aus Gourmetzeitschriften und Kochbüchern mit Akribie nachzukochen, sondern die Grundideen der Rezepte aufzunehmen, sie nach eigenem Geschmack abzuwandeln und das Resultat phantasievoll in Szene zu setzen. So sehen wir auch unsere Speisefolgen als Anregungen, eventuell die eigenen erprobten und bewährten Rezepte zu variieren und sie zu einem Menü zusammenzustellen.

Auch wenn im Mittelpunkt dieses Buches komplette Menüs stehen, so lassen sich die Gerichte natürlich auch einzeln zubereiten und zu vielen Gelegenheiten servieren. Die Amuse-gueules sind schöne Snacks für eine Cocktailparty. Süßes Gebäck und Desserttorten passen bei einer Nachmittagseinladung. Viele Gerichte lassen sich sehr gut zu warmen und kalten Buffets zusammenstellen. Man kann aber auch für eine größere Zahl von Gästen ein einziges Gericht kochen und den Abend mit einem herrlichen Nachtischbuffet krönen.

Wie auch immer Sie liebe Freunde und Bekannte verwöhnen wollen, Sie sollten genausoviel Sorgfalt auf die Gestaltung des gesamten Abends verwenden wie auf die Zusammenstellung der Gästeliste, auf die Dekoration des Tisches und auf die Präsentation der Speisen. Vier Dinge sind dafür wichtig – Liebe, Geduld, Phantasie und ein gewisser Ehrgeiz, es wirklich gut machen zu wollen.

RUND UM DAS MENÜ

DER STIL DES ABENDS

Die Gründe, zu einem Menü im häuslichen Rahmen einzuladen, sind vielfältig. Kreieren Sie Ihr Menü für einen besonderen Anlaß, für spezielle Festtage oder zu Ehren eines Gastes? Oder lassen Sie sich lieber von Ihrer eigenen Stimmung leiten? Vielleicht sind Sie gerade besonders glücklich, Sie haben das Gefühl, daß Ihnen alles gelingt und wollen ein schönes Fest feiern. Oder es ist genau umgekehrt. Sie möchten das tägliche Einerlei durchbrechen und etwas Besonderes erleben.
Wie auch immer! Bedenken Sie bei der Planung des Menüs auf jeden Fall, daß der Stil des Festes in erster Linie durch die Tischdekoration und durch die Präsentation der Speisen geprägt wird und nicht unbedingt durch die Speisen selbst.
Der Stil des Abends richtet sich sowohl nach dem Anlaß als auch nach den Gästen und danach, wie gut Sie sie kennen. Ob das Fest konventionell, leger, schlicht, rustikal oder elegant werden soll, das bestimmt in erster Linie die Zusammensetzung der Gästeliste.

DIE WAHL DER GERICHTE

Überlegen Sie zuerst, durch welche Gerichte sich Ihre Küche auszeichnet, welche Ihnen wirklich gut gelingen. Wenn Ihnen Suppen, Gemüsegratins oder Cremes besonders gut liegen, dann sollten Sie diese Zubereitungen auf jeden Fall einplanen. Es macht nichts, wenn Sie diese Gerichte häufiger servieren. Wenn sie gut sind, freut sich jeder Gast darauf.
Verfeinern Sie bekannte Rezepte. Vertiefen Sie sich doch einmal in Ihre alten Familienrezepte, und überprüfen Sie die Zutatenlisten, ob sich da nicht mancher Löffel Mehl durch ein Ei, durch Sahne oder Butter ersetzen ließe. Wählen Sie einfache Gerichte aus. Erhalten Sie den charakteristischen Geschmack der Zutaten, oder runden Sie ihn mit einem passenden Gewürz ab. Kochen Sie für eine Einladung auch nicht unbedingt exotisch. Schließlich wissen Sie da nicht immer ganz genau, wie das Gericht letztendlich schmecken soll. Es sei denn, Sie haben Erfahrungen mit einer solchen Küche gesammelt.
Stimmen Sie Ihre Gerichte auf das jahreszeitlich bedingte Angebot an Obst und Gemüse ab. Ein Gang über den Wochenmarkt kann sehr anregend sein. Höchstwahrscheinlich bekommen Sie dann selbst Lust auf bestimmte Köstlichkeiten. Unser mitteleuropäisches Klima läßt wunderbares Obst und Gemüse gedeihen. Zur Haupterntezeit sind sie in hervorragender Qualität und dennoch preisgünstig auf dem Markt. Nur während einer ganz kurzen Zeit gibt es Sommeräpfel oder frische unvergleichlich duftende Kräuter und das Beerenobst, das uns an Großmutters Garten erinnert. Auch aus einem anderen Grund ist es wichtig, die Produkte der Saison zu verwenden. Wir sind mittlerweile daran gewöhnt, nahezu das ganze Jahr über eine große Palette frischen Gemüses in den Läden kaufen zu können. Wir wundern uns aber dann manchmal, warum ein Gericht nach einem ganz bewährten und zuverlässigen Rezept mit den „frischen" Zutaten nicht gelingt. Oft liegt es daran, daß Gemüse, das im Treibhaus gezogen wurde, wasserhaltiger ist als das unter freiem Himmel gereifte. Ein Gemüsegratin aus Tomaten, Zucchini und Auberginen zieht im Winter vielleicht zuviel Wasser.
Die Menüs in diesem Buch wurden auf das saisonal bedingte Angebot an Obst und Gemüse abgestimmt. Aber bei näherer Betrachtung erkennt man, daß der Hauptbestandteil des Gerichts oftmals jahreszeitenunabhängig ist. Fleisch- und Fischgerichte lassen sich häufig während des ganzen Jahres zubereiten, ebenso Desserts. Erst die restlichen Zutaten sind charakteristisch für den jeweiligen Monat.

DER EINKAUF

Kaufen Sie nicht unüberlegt ein, sondern planen Sie den Einkauf genau. Lesen Sie alle Rezepte gründlich durch, und erstellen Sie danach zwei identische Einkaufslisten – eine für den Großeinkauf im Supermarkt bereits mehrere Tage vor dem Einladungstag und eine für die Besorgung der frischen Zutaten kurz vor dem Fest. Lassen Sie sich trotz detaillierter Einkaufsliste dabei vom Angebot des Marktes inspirieren. Vielleicht haben Sie sich zu Hause in eine Beilage aus Zuckerschoten verliebt, auf dem Markt sind sie aber nur in schlechter Qualität erhältlich oder zu teuer, dafür aber werden knackige und frische Böhnchen angeboten. Natürlich sollten Sie dann Ihren Menüplan umstellen. Vor allzu großen Änderungen raten wir jedoch ab.
Ein Wort zur Qualität der Zutaten: Eine gute Küche zeichnet sich durch hervorragende Zutaten aus. Sie müssen wirklich frisch sein. Da nur wenige Obst und Gemüse aus eigenem Anbau haben, empfiehlt es sich, sich vertrauensvoll an einen guten Obst- und Gemüsehändler zu wenden. Ebenso sollten Sie einen guten Metzger und Fischhändler aufsuchen. Was Sie sonst noch brauchen, müßten Sie in einem Supermarkt finden. Noch ein Wort zum Wein. Nehmen Sie zum Kochen auf keinen Fall eine Sorte von minderer Qualität. Schließlich wird mit dem Wein in den meisten Fällen der Grundstock für eine gute Sauce gelegt. Auch bei Butter, Öl, Essig und Senf sollten Sie auf beste Qualität achten. Im allgemeinen ziehen wir frisches Obst und Gemüse der Saison tiefgekühlten Produkten vor – mit Ausnahme der Erbsen, die gefroren sehr gut sind. Tiefgekühlte Beeren können für Fruchtsaucen verwendet werden.

PRAKTISCHE KÜCHENUTENSILIEN

Die meisten Leute, die gern kochen, verfügen über eine gut ausgestattete Küche mit den Utensilien, die sich bewährt haben. Wir haben hier eine Liste der wichtigsten Küchengeräte zusammengestellt, die aus unserer Sicht für die Zubereitung unserer Gerichte besonders hilfreich sind.

Elektrische Haushaltsgeräte
Handrührgerät mit Schneebesen, Knethaken und Pürierstab
Küchenmaschine mit Schnetzel- und Mahlwerk oder eine Rohkostreibe und eine Handmühle
Mixer oder ein Aufsatz für die Küchenmaschine
Eismaschine
Elektrisches Messer

Gewichts- und Meßinstrumente
Küchenwaage mit einer verstellbaren Skala
Präzisionswaage für kleine Gewichtseinheiten
Meßbecher
Küchenwecker

Töpfe und Pfannen
Acht-Liter-Topf für Suppen und zum Einkochen von Fonds
Fünf-Liter-Topf für größere Mengen Gemüse
Drei-Liter-Topf für Gemüse und Saucen
Simmertopf, ein Topf, dessen Boden und Wände doppelt sind und in den Wasser eingefüllt wird. Das Gargut wird, ähnlich wie im Wasserbad, schonend erhitzt. Ein Simmertopf eignet sich hervorragend für delikate Saucen, die nicht kochen dürfen
Entsafter
große Pfanne mit schwerem Boden, hohen Seitenwänden und gut verschließbarem Deckel, zum Sautieren von Gemüse und zum Einkochen größerer Mengen Sauce
Saucenpfännchen aus Gußeisen oder emailbeschichtet, zum Einkochen kleinerer Mengen Sauce
Fischtopf zum Kochen und Dämpfen ganzer Fische
Bräter für Braten und Schmorgerichte

Feuerfestes Geschirr
Terrinenform (800 ml Inhalt)
Gratin- und Souffléformen in verschiedenen Größen
kleine Portionsförmchen

Messer und Co.
Küchenmesser
Buntmesser
Sägemesser
Filetiermesser
Kochmesser
Juliennereißer (Zestenreißer)
Kugelausstecher
Spargelschäler
Palette (langes Messer ohne Schneiden)
Gummispachtel
Schneebesen aus Edelstahl in verschiedenen Größen
Schaumlöffel und Sieb

Luftdicht verschließbare Kunststoffbehälter
zum Aufbewahren vorbereiteter Speisen und vorgeschnittenen Gemüses.
Tip: Sammeln Sie Plastikbehälter gekaufter Lebensmittel, die Ihnen in Größe und Form besonders günstig erscheinen, um zum Beispiel Eis darin zu formen
Thermoskannen und -behälter von 1/4 l und 1/2 l Inhalt zum Aufbewahren fertig zubereiteter Saucen. Wenn der Thermosbehälter ganz gefüllt ist, bleibt die servierfertige Sauce bis zu vier Stunden heiß

DER AUFBAU EINES MENÜS

Sie können Ihr Menü natürlich aus beliebig vielen Gängen zusammenstellen, es sollten jedoch mindestens drei sein: Vorspeise, Hauptgericht und Dessert. Eventuell erweitern Sie Ihr Menü, indem Sie mehrere Vorspeisen servieren: zum Beispiel etwas Erfrischendes wie Salat, ein Scheibchen von einer Terrine, eine Suppe und/oder ein kleines Fisch- oder Fleischgericht. Was Sie wählen, hängt von der Art Ihres Hauptgerichts ab. Bieten Sie viele Vorspeisen an, sollte das Hauptgericht eher leicht sein. Sie können auch zwischen den Gängen ein Sorbet aus Gemüse- oder Fruchtsäften oder auch aus Blütensirup servieren. Unsere fünfgängigen Menüs beinhalten häufig eine Suppe und ein Sorbet, weil wir beides selbst so gern essen. Sie dürfen die Menüs aber immer auf drei Gänge reduzieren. Auch ein Käsegang könnte eingeschoben werden. Für Salat- und Käsefreunde ist der mit einer Roquefortsauce zubereitete Salat (Rezept Seite 150) ein interessanter Zwischengang, der sich in jedes Menü problemlos einfügen läßt. Wenn Sie eine eigene Speisenfolge zusammenstellen, sind ein paar Regeln zu beachten: Komponieren Sie Ihr Menü wie ein Musikstück, und stimmen Sie die Gänge harmonisch aufeinander ab. Wenn Sie drei Gerichte reichen, sollte das Hauptgericht den Höhepunkt bilden, die Vorspeise darauf einstimmen und das Dessert der Ausklang sein. Entscheiden Sie sich für mehrere Gänge, dann lassen sich diese nach verschiedenen Gesichtspunkten ausrichten. Sie können zum Beispiel ein Thema, wie Fisch und frische Kräuter, in jedem Gang neu variieren oder mit kontrastreichen Speisen Akzente in einem Menü setzen. Servieren Sie heiße Gerichte neben kalten, leichte neben schweren, zarte neben deftigen und gekochte neben gebratenen, wechseln Sie verschiedene Zutaten ab.

Bei einem mehrgängigen Menü ist es wichtig, daß die Mengen der einzelnen Gerichte im richtigen Verhältnis zueinander stehen. Keinesfalls dürfen Sie Ihre Gäste mit einem Zuviel überfordern. Kleine Mengen sind für eine Hausfrau außerdem meist günstiger, da selten sehr große Töpfe und Pfannen vorhanden sind. Darüber hinaus hat man kleinere Mengen besser im Griff, die Garzeiten sind kürzer, das Einkochenlassen von Suppen und Saucen geht schneller und ein zusätzlicher Vorteil ist, daß auch teure Zutaten in kleinen Mengen erschwinglich sind.

Um sich die Mengenverhältnisse besser vorstellen zu können, braucht man etwas Phantasie, Augenmaß und praktische Erfahrung. Messen Sie Flüssigkeiten in Suppentassen, Schüsseln und Schalen ab. Dies hilft Ihnen, die Gesamtmenge für eine Suppe, Sauce oder Speise festzulegen. Kaufen Sie pro Person eine Handvoll Gemüse oder

Salat. Berechnen Sie zwischen 150 und 200 g Fleisch pro Portion. Die meisten Rezepte, die für vier Portionen gedacht sind, reichen innerhalb eines Menüs für sechs bis acht Portionen.

Suchen Sie die Gerichte Ihres Menüs auch danach aus, ob Sie sie ganz oder teilweise im voraus fertigstellen können. In der Regel sollte nur ganz wenig, wie das Fleisch oder der Fisch, das zarte Gemüse oder der Salat, am Tag der Einladung zubereitet werden. Die Qualität eines Gerichtes darf nicht unter dem „Vorkochen" leiden. Es gibt jedoch, wie das Buch zeigt, viele Speisen, die geradezu mehrere Tage im voraus zubereitet werden müssen, damit sie „reifen" können, das heißt, daß sich der Geschmack der Zutaten und Gewürze erst langsam voll entfaltet.

Wenn Sie gern backen, wissen Sie selbst, wie zeitaufwendig das ist. Machen Sie das Gebäck daher bereits einige Tage vorher, und frieren Sie es ein. Plätzchen und feines Gebäck, selbst Tuiles können in Blechdosen gut verschlossen mehrere Tage aufbewahrt werden. Sogar Kochvorgänge der „letzten Minute" können vorverlegt werden, ohne daß das Resultat beeinträchtigt wird. Wir haben die Erfahrung gemacht, daß auch aufgeschlagene Saucen, wie die Hollandaise, in einer genügend großen Thermoskanne problemlos bis zu vier Stunden warmgehalten werden können. Bedenken Sie jedoch, daß beim Ausgießen immer ein nicht unerheblicher Teil der Sauce in der Kanne zurückbleibt. Auch in einem Simmertopf läßt sich die Sauce gut aufbewahren und bei Bedarf wieder aufschlagen.

Wir servieren zumeist kein Hauptgericht als Tellergericht. Eine Ausnahme bildet der Heilbutt im September (Rezept Seite 89), der auf dem Teller angerichtet werden muß, während die Gäste warten. Wenn Sie Speisen als Tellergericht servieren, dann sollten die Beilagen schnell und problemlos auf den Tisch zu bringen sein.

Berücksichtigen Sie auch bei der Planung des Menüs die anfallenden Kosten. Es ist nicht nötig, ausschließlich exquisite Zutaten, wie Schalentiere, exotisches Gemüse und fremdländische Früchte sowie teures Fleisch zu servieren. Haben Sie sich zum Beispiel für ein besonders feines Fleischstück entschieden, ist es sinnvoll, preisgünstige Vorspeisen und Desserts auszusuchen. Keine Angst! Ihr Menü wird deswegen nicht „alltäglich". Denn das ist gerade die Kunst, aus sehr wenigen, oft einfachen Zutaten eine kulinarische Köstlichkeit zu zaubern.

TIPS ZUM SERVIEREN

Nicht jede Gastgeberin hat eine Hilfe, die ihr beim Servieren zur Seite steht. Daher ist es sinnvoll, auch das Auf- und Abdecken der einzelnen Gänge ein wenig zu organisieren, damit nicht zuviel Unruhe bei Tisch entsteht. Salz, Brot, Butter und eventuell auch kalte Saucen können bereits auf dem Tisch stehen, sämtliche Auflegebestecke liegen griffbereit. Überlegen Sie, wie Sie die Teller warm halten können. Entweder stellen Sie sie in ein Wärmefach oder in den warmen auf 50°C vorgeheizten Ofen. Eine kalte Vorspeise kann als Tellergericht schon aufgetragen sein, bevor die Gäste sich an den Tisch setzen. Ein warmes Vorgericht auf Tellern zu servieren, ist schon schwieriger, denn man kann es erst reichen, wenn alle Gäste Platz genommen haben. Kommt es in einer Schüssel direkt aus dem Ofen, stellen Sie diese auf einen Unterteller – so können die Gäste sie bequem weiterreichen, ohne sich die Finger zu verbrennen. Das sorgt zugleich für eine lockere, familiäre Atmosphäre.

Beim Abräumen der Teller wird der eine oder andere Gast gern mithelfen. Währenddessen hat die Gastgeberin Zeit, in der Küche die Suppe in gewärmte Tassen zu füllen. Sie kann die Suppe aber auch am Tisch verteilen, was besonders sinnvoll ist, wenn sie Suppenteller verwendet. Denn sie sind schwer zu balancieren, und die Suppe wird darin auch schneller kalt als in einer Tasse.

Sorbets können, schon in Portionsschüsselchen gefüllt, im Tiefkühlfach bereitgestellt werden. Allerdings müssen Sie dann die Temperatur etwas erhöhen, damit das Sorbet nicht durchfriert. Das Hauptgericht sollte mit den Beilagen auf einer Platte angerichtet werden. Nehmen Sie dafür möglichst eine, die nicht zu schwer und zu unhandlich ist; ideal sind auch Tortenteller. Die köstliche Sauce servieren Sie in einer heißen Sauciere extra. Schön ist auch folgende englische Sitte: Schneiden Sie den Braten oder tranchieren Sie den Fisch direkt bei Tisch, und fragen Sie doch einen Ihrer Gäste, ob er Ihnen dabei hilft. Ob Sie das Dessert in einer Schüssel herumreichen oder es bereits vorher auf Tellern anrichten, hängt entweder vom Rezept oder von Ihrer Vorliebe ab. Zum Schluß haben Sie auf jeden Fall einen Espresso verdient. Planen Sie auch diesen „Gang" schon im voraus, und stellen Sie die Espressomaschine bereit. Denken Sie immer daran, daß Ihre Gäste Zeit und Ruhe brauchen, um das Menü richtig genießen zu können. Wenn Pausen zwischen den einzelnen Gängen entstehen, brauchen Sie nicht in Panik zu geraten. Ihre Gäste haben sich ja schließlich den Abend für dieses gemütliche Essen freigehalten und wissen, daß es mehrere Stunden dauern kann.

HINWEISE ZU DEN REZEPTEN

In der Regel sind die Rezepte der Menüs für sechs Personen konzipiert, außer bei solchen, bei denen sich der Aufwand, den die Zubereitung erfordert, für eine kleinere Menge nicht lohnt, wie zum Beispiel bei Terrinen. In den Monaten März und Dezember, in die große Familienfeste wie Ostern und Weihnachten fallen, sind die Menüs durchgehend für acht bis zehn Personen angelegt.

Die Mengenangaben beziehen sich generell auf die ungeputzte Rohware, es sei denn, es wird ausdrücklich auf die benötigte geputzte Menge hingewiesen. Eine gute Qualität der Zutaten und somit geringe Verluste durch das Putzen setzen wir voraus.

Wir empfehlen Ihnen, beim Braten **geklärte Butter** zu verwenden, da sie sich besser erhitzen läßt als ungeklärte und den Speisen mehr Geschmack gibt als Öl. Bereiten Sie eine größere Menge zu. Geklärte Butter hält sich gut im Kühlschrank. Man gewinnt sie, indem man den Fettanteil der Butter von den festen Milchbestandteilen und dem Wasseranteil trennt. Dafür 250 g Butter in einem Emailtopf oder einer -pfanne schmelzen lassen. Den weißen Schaum, der an die Oberfläche steigt, mit einem Löffel sorgfältig abschöpfen. Das klare Butterfett in einen kleinen Topf umgießen – dabei bleibt ein weißer Bodenbelag zurück – und die geklärte Butter im Kühlschrank fest werden lassen. Anschließend das erstarrte Fett aus dem Topf nehmen, die Flüssigkeit, die sich am Boden angesammelt hat, weggießen und das, was unten am erstarrten Fett haftet, abspülen.

Unser oberstes Ziel bei der Menüzusammenstellung ist es, die Gastgeber am Einladungstag möglichst weitgehend von Kochpflichten zu entlasten, und zwar durch eine geschickte Planung und Vorbereitung. Die Zubereitungsabläufe sind nach diesen Kriterien gegliedert, so daß Sie auf einen Blick erkennen, welche Arbeitsgänge vorzuziehen sind. Wir geben bei den Zubereitungsanweisungen verschiedene Zeiten an:

- Vor- oder Zubereitung ... Tage vorher notwendig (meist bei Gerichten, die eine bestimmte Marinier- oder Kühlzeit brauchen, um zu gelingen)
- Vor- oder Zubereitung ... Tage vorher möglich (ein Arbeitsgang kann bereits vor dem Einladungstag erledigt werden, muß es aber nicht)
- Vorbereitung heißt generell, daß das Gericht erst vor dem Servieren fertiggestellt wird, Zubereitung bedeutet, es wird nur gewärmt und/oder nur noch angerichtet
- vor dem Servieren umfaßt einen Zeitraum von bis zu zwei Stunden vor dem Servieren

Abkürzungen

EL	= Eßlöffel	ml	=	Milliliter
TL	= Teelöffel	cl	=	Zentiliter
cm	= Zentimeter	l	=	Liter (1 l = 1000 ml = 10 cl)
g	= Gramm			
kg	= Kilogramm (1 kg = 1000 g)	Msp.	=	Messerspitze

Die Zubereitungszeit umfaßt die Vorbereitungszeit sowie die Garzeit/Backzeit, falls keine besonderen Angaben gemacht werden.

Elektrobackofen	Gasherd	Elektrobackofen	Gasherd
150°C/160°C	Stufe 1	220°C/225°C	Stufe 4
175°C/180°C	Stufe 2	240°C	Stufe 5
200°C	Stufe 3	250°C	Stufe 6

DER SCHÖN GEDECKTE TISCH

Ein schön gedeckter Tisch lädt nicht nur durch die Harmonie von Geschirr, Blumen, Tischwäsche und anderen schönen Gegenständen ein, sondern offenbart das Wesen, den Geschmack und die Stimmung der Gastgeberin, und der Gast empfindet die auf das ganze Arrangement verwendete Sorgfalt als ein Geschenk.

VON TUCH BIS TELLER

Um einen Tisch einladend und geschmackvoll zu decken, sind ein komplettes, wertvolles Service, Damasttischtücher, Servietten oder mehrere verschiedene Gläser nicht nötig. So eine sehr kostbare Ausstattung empfinden wir sogar manchmal als hinderlich, weil sie uns immer auf einen einzigen bestimmten Stil festlegt. Auch wir erfreuen uns natürlich an edlem Porzellan, wir trachten, es jedoch auf unkonventionelle Weise zu benutzen. Haben Sie nur Mut, und versuchen Sie, auch auf den ersten Blick unvereinbar erscheinende Materialien zusammenzustellen. So kann ein wertvolles Tischtuch mit einem Stück Stoff belegt werden, um dem Tisch Farbe zu geben. Eine weitere Möglichkeit, die steife Feierlichkeit eines weißen Tischtuchs aufzulockern, sind Sets aus Stoff oder anderen Materialien, wie Spiegel, die beim Glaser zu runden Platztellern geschnitten werden. Lackfolien in herrlichen Farben, farblich schöne Laken – vielleicht selbst zum Geschirr passend eingefärbt – ja sogar ein originelles Wachstuch gibt nicht nur dem Tisch ein neues Gesicht, sondern ist Ausdruck Ihrer ganz besonderen Stimmung an diesem Abend. Haben Sie schon einmal daran gedacht, in der Gardinenabteilung nach schönen Auflagen für einen Tisch zu suchen?
Mit der Tischdecke legen Sie den „Grundstein" für die Dekoration des Tisches.
Besitzen Sie die altmodischen weißen großformatigen Servietten, dann legen Sie sie, gut gebügelt und schlicht gefaltet, entweder links neben das Besteck oder, wenn noch kein Vorgericht aufgetragen ist, auf den Platzteller. Wer farbige Servietten mag, kann weiße passend zum Tischtuch einfärben, sich aus Stoff selbst welche nähen oder sie fertig in schönen Farben kaufen.
Die Mode, Servietten kunstvoll zu falten, ist bereits etwas veraltet, und sie entspricht auch nicht dem Stil unserer Tischdekorationen, die – bei aller Sorgfalt – doch eher nach spontanen Einfällen entstehen. Wenn Sie aber Spaß daran haben, dann müssen Sie die Servietten nach dem Waschen mittelsteif stärken und sorgfältig bügeln – mit genau übereinander liegenden Kanten und Ecken –, bevor Sie mit Ihrem Faltwerk beginnen.
Sie können aber auch mit Hilfe der Serviette dem Platz eines jeden Gastes eine persönliche Note verleihen, indem Sie aus farbigem Papier einen Serviettenring kleben und darauf dessen Namen schreiben. Falten Sie

die Serviette eventuell zu einer Tasche, und legen Sie eine Blüte aus Ihrem Blütengesteck hinein, vielleicht auch ein kleines Geschenk, wenn es dem Anlaß Ihrer Einladung entspricht. Es ist nicht unbedingt nötig, Platzteller zu verwenden. Allerdings sind sie nicht nur eine optische Bereicherung Ihres Tisches, sondern sie haben auch eine Funktion. Wenn Sie für die verschiedenen Gänge Ihres Menüs gewärmte Teller bereithalten oder Tellergerichte in der Küche vorbereiten, dient der Platzteller als Platzhalter, der auch eine empfindliche Tischplatte schützt. Die Platzteller müssen nicht aus Gold oder Silber sein, im Handel gibt es welche aus Steingut in schönen klaren Farben. Von diesen übergroßen Tellern kann natürlich auch gegessen werden, was bei manchen Gerichten, wie Spargel, sehr zu empfehlen ist.

Außer dem Besteck, das möglichst zwölfmal vorhanden sein sollte, brauchen Sie eine gewisse Anzahl an Tellern. Falls Sie gerade vor dem Kauf eines neuen Services stehen, überlegen Sie, ob Sie nicht lieber statt teurer Zusatzteile die dreifache Menge an großen flachen Tellern kaufen. Heutzutage kann man von der Vorspeise bis zum Dessert die gleiche Tellergröße verwenden. Es gibt schöne Schüsselchen und kleine Pfännchen aus weißem, ofenfestem Material, die nützlicher sind als Suppenteller oder Tassen und eigentlich zu jedem Geschirr passen. In ihnen lassen sich sehr gut Vorspeisen servieren und natürlich warm stellen oder überbacken. Suppe kann in ein solches Schüsselchen schon vor dem Essen eingefüllt und im Ofen heiß gehalten werden.

Wer diese feuerfesten Vorspeisenförmchen nicht besitzt, kann sich „natürlicher Förmchen" bedienen. Für ein Käsesoufflé etwa bieten sich große Fleischtomaten an, eine Fischmousse können Sie sehr gut in großen Muschelschalen garen. Die Avocadoschalen für ein kaltes Vorgericht oder einen Salat sind schon bekannt. Melonensuppe läßt sich in kleinen ausgehöhlten Melonen servieren. Auch verschiedene Desserts, Sorbets und Eis sehen in Orangen- und Zitronenschalenhälften, in ausgehöhlten Äpfeln oder Birnen sehr appetitlich aus.

Sie müssen nicht für jede Weinsorte ein spezielles Glas decken. Es genügen ein Wasser- und ein Weinglas. Ein Weinkenner wird jedoch den Weißwein in einem kleinen und den Rotwein in einem größeren Glas anbieten. Mehrere, sorgfältig ausgesuchte Weine runden die einzelnen Gänge vollendet ab. Aber man kann auch zu einem anspruchsvollen Essen nur eine einzige Weinsorte servieren. Sie sollte anregend und spritzig sein, aber nicht zu sehr dominieren. Wir geben dem Weißwein den Vorzug, da er ohne weiteres zu Fisch, zu allen Fleischsorten und zum Dessert gereicht werden kann. Aber es ist auch durchaus möglich, Rotwein, sogar zu Fisch und Meeresfrüchten, zu servieren. Nur wenige Gerichte – Matjes vielleicht – vertragen sich nicht mit einem solchen Wein, zu ihnen sollte man eventuell einen klaren Schnaps oder Wasser anbieten. Bei der Auswahl der Getränke denken Sie bitte auch an die Autofahrer unter Ihren Gästen, und stellen Sie deshalb zusätzlich Wasser und eine Auswahl an verschiedenen Säften bereit.

Für sechs Personen ist es nicht unbedingt notwendig, eine Tischordnung festzulegen. In manchen Fällen erfordert es jedoch die Auswahl der Gäste. Überlegen Sie sich dann die Sitzordnung vor dem Diner und stellen Sie eventuell Tischkärtchen auf, die es bereits in großer Auswahl zu kaufen gibt.

Eine schöne Idee ist es, das Menü hübsch auf Karten zu schreiben, die auf den Tisch gestellt werden. Die Gäste informieren sich gern über die verschiedenen Gänge. Zum einen können sie sich auf den jeweils folgenden Gang einstimmen, zum anderen können sie sich die einzelnen Portionen besser einteilen.

MENÜS IN SZENE SETZEN

Warum ist ein stimmungsvoll gedeckter Tisch überhaupt notwendig, werden Sie sich vielleicht fragen. Genügt es nicht, sich auf das Menü zu konzentrieren? Es ist nun einmal so, daß das Auge mißt, daß sich beim Anblick schöner Dinge alle Sinne öffnen und sich die Gäste von der Atmosphäre auf die kommenden kulinarischen Genüsse einstimmen lassen. Woher nun die Inspiration für das Dekorieren des Tisches nehmen? Da das individuell verschieden ist, können wir nur schildern, wie wir auf unsere Ideen gekommen sind: Wir stellen uns Anlässe und Situationen vor, die individuelle Gefühle und Empfindungen ausdrücken, frei nach dem Motto: „Schließe die Augen und sage mir schnell, was dir bei ‚Sommerabend' oder ‚Herbst' oder .... einfällt." Farben, Gerüche, Geschmack, Blumen und Blätter, alles gehört dazu. Schöne Stilleben voller Poesie aufgrund dieser Assoziationen lassen sich zusammenstellen. Unser Tisch im Juli (Seite 60) ist dafür ein Beispiel, ebenso prächtig ist der Oktober (Seite 94).
Alle Tische leben von dem Licht, das wir ihnen geben – von Kerzen, deren Schein durch Glas, Silber oder durch Spiegel reflektiert wird, von einer gemütlichen Deckenlampe, die einen Lichtkegel von oben wirft, ebenso von gezielten Spots oder von winzigen elektrischen Kerzen, die in der Dekoration versteckt sind. Unser Tisch im Dezember (Seite 116) ist ein Beispiel dafür. Eine beruhigende Wirkung hat ein hübsches Glasgefäß, mit Wasser gefüllt, in dem schöne Steine oder schöne, rote Äpfel liegen. Besonders dekorativ sind Eier im Wasser. Die Schalen sind porös, Luft im Ei entweicht und es bilden sich winzige Bläschen.
Ein großer Eisblock auf dem Tisch vermittelt eine kühle, frische Atmosphäre. Destilliertes Wasser bleibt tiefgefroren klar. Blumen (Seite 57), Fische (Seite 106), Schalentiere, Muscheln – alles mögliche läßt sich darin einfrieren.
Auch Kräuter haben eine außerordentliche Wirkung. Unser Augusttisch (Seite 72) ist mit Dill in vielen runden Glasbehältern dekoriert worden. Fenchel mit Ranunkeln sind ein schöner Frühjahrsschmuck. Schleierkraut mit Lorbeer oder andere Blätter immergrüner Pflanzen und Limonen in einem Glasgefäß lassen sich auch im Winter zu einem wundervollen Stilleben komponieren.
Oder spielen Sie bei der Tischdekoration mit Blumen! Blumen haben eine eigene Sprache. Ihre Struktur, ihre Farben, ihre Düfte rufen bestimmte Assoziationen hervor oder symbolisieren etwas Bestimmtes. Blumen können zart sein wie die Mimose, elegant wie Farnwedel oder edel wie die Rose. Efeu ist seit alters her ein Symbol für Ewigkeit und Treue. Die weiße Lilie ist Sinnbild für Reinheit, der Türkenbund für Feuer und Glut. Die Hortensie verkörpert wie keine andere Blume die Schönheit der Vergänglichen. Blumen stehen natürlich auch für bestimmte Jahreszeiten, und sie vereinigen Widersprüchliches in sich. So ist die Mimose zwar zart, sie verströmt aber einen fast aufdringlichen Duft. Die Blüte der Tulpe wirkt zerbrechlich wie Porzellan, hat aber einen stabilen Stiel und feste Blätter. Es ist immer wunderschön, den Tisch mit einem Gesteck aus den Blumen des Monats zu schmücken. Im April (Seite 28) haben wir eine ganze Wiese von Frühlingsblümchen auf den Tisch gebracht.

Eine andere Gestaltungsvariante ergibt sich durch die geometrische Einteilung der Tischfläche. Im Juni haben wir bunte Bänder im Karomuster ausgelegt (Seite 50). Auch aus Samen gezogene Dekorationen, wie unser Barockgarten im September (Seite 84), bieten viele Möglichkeiten. Auf so einen Tisch gehören auch Blüten und Blätter, die wir „verfremden" und so als Kunstobjekte präsentieren. Große einzelne Blüten in einer Schale, in Wasser schwimmend oder in Kästen oder Schachteln gelegt – wie unser Tisch im Mai (Seite 38) zeigt –, haben eine solche Wirkung. Ein gutes Beispiel sind auch die Alpenveilchenblüten im März (Seite 16). Die merkwürdigen Blüten an den roten Stielen „verändern" sich zu eleganten Schmetterlingen.
Kugeln, Kegel oder andere geometrische Körper, aber auch Gegenstände wie Leuchter, Schalen oder Schüsseln kann man mit saftig-grünem Moos überziehen, das man mit Hilfe eines Haarnetzes fixiert. Kein Zweifel, daß sich Ihr Tisch mit diesen grünen „Skulpturen" ausgesprochen „sophisticated" gibt (Seite 116).
Gags und optische Täuschungen sind Elemente der Tischdekorationen, die Ihre Gäste verblüffen werden: halbierte Früchte auf einem Spiegel; Tulpen von außen mit schwarzer Farbe besprüht, die dann in der Wärme langsam aufgehen; Styroporköpfe mit „Perücken" aus Obst und Gemüse, frische Blumen zusammen mit künstlichen arrangiert (auf diese Weise können Sie ganze Blumenstilleben alter niederländischer Meister nachstecken). Auch natürliche Früchte zusammen mit künstlichen aus Stein oder Plastik sind Attraktionen Ihres Tisches.
Harmonie strahlt es aus, die Farben der Speisen in denen des Tisches wiederkehren zu lassen. Sie können auf diese Weise einzelne Höhepunkte setzen oder auch das ganze Menü in farblichen Einklang mit der Dekoration bringen. Unser Februartisch (Seite 140) ist durch die für Speisen ungewöhnliche Farbzusammenstellung von Rot und Weiß besonders witzig. Im März wurde dieselbe Idee durch die vielen Nuancen der Farben Grün und Rosa variiert.
Auch wenn man seinen Einfällen freien Lauf lassen sollte, gilt es doch ein paar Regeln zu beherzigen: Form und Größe des Tisches sind für den Umfang der Dekoration ausschlaggebend. Eine breite Tischfläche, sei sie rund, oval oder eckig, kann eine üppige Tischdekoration aufnehmen, ein schmaler Tisch darf jedoch nicht überladen werden. Die Gäste sollen sich nicht eingeengt fühlen. Planen Sie auch die Tischdekoration so sorgfältig wie die Speisen. Besonders im Winter sollten Sie sich rechtzeitig mit dem Blumenhändler absprechen. Sofern der Tisch nicht der eigenen Familie als Eßtisch dient, ist es ratsam, ihn einen Tag vor dem Fest zu decken. Sie haben dann viel mehr Muße und Zeit. Auch die Blumendekoration kann zumindest vorbereitet werden. Manche Blumen werden sogar schöner, wenn sie sich dem Gefäß, in dem sie arrangiert werden, anpassen können.
Halten Sie Blumen und Behälter niedrig. Es ist sehr störend, sein Gegenüber nur durch die Blume zu sehen. Nur Kräuter, Schleierkraut und ähnliches können unter Umständen hoch gesteckt werden. Doch dann sollten auch die Behälter aus Glas sein. Setzen Sie sich an verschiedene Plätze des Tisches, um Ihr Werk zu begutachten und zu sehen, wie die Dekoration wirkt.

Das Menü im März
Eine Frühlingswiese, auf der die ersten Blumen ihre zarten Blütenblätter entfalten, ist das Vorbild für die Tischdekoration im März

FRÜHLINGSSEHNEN

DER TISCH

Aus Sehnsucht nach dem Frühling erträumen wir uns ein Menü und eine entsprechende Dekoration in frischen grünen und rosa Farben. Allerdings müssen wir dabei ganz tief in den Farbtopf greifen, um unserem festlichen Abend Frühlingszauber und Glanz zu verleihen, denn Anfang März ist der Frühling noch schüchtern.

Wir wählen einen grün-beige gestreiften Seidenstoff, der in seinen Faben an die im März noch fahlen Weideflächen erinnert. Von diesem Tischtuch heben sich die Farben des kostbaren grasgrünen und fuchsiaroten Limogesporzellans mit einer unglaublichen Intensität und Frische ab.

In der Mitte des Tisches beugen sich Alpenveilchen aus einem eleganten Jugendstilaufsatz aus Glas über die Teller. Die pastellrosa Blüten wirken wie die ersten zarten Schmetterlinge. Ganz gewiß brauchen Sie nicht unbedingt einen solchen Tafelaufsatz – mit sechs oder mehr vielleicht ganz unterschiedlichen Sektkelchen können Sie die gleiche Wirkung erzielen. Auch Ranunkeln sehen anstelle der Alpenveilchen sehr hübsch aus. Kaufen Sie die Ranunkeln schon drei oder vier Tage im voraus, und stellen Sie sie in Gläser, damit sich ihre seidigen Blütenblätter bis zum Fest voll entfalten können. Ist der Frühling schon ein wenig fortgeschritten, können Sie auch ein kleines Veilchensträußchen an jeden Platz legen.

DAS MENÜ

Das Menü spielt ebenfalls mit den Frühlingsfarben Grün und Rosa. Ein kaltes und ein warmes Vorgericht eröffnen das Diner. Die kalte Terrine aus gegarten Champignonköpfchen und rosagebratener Entenleber wird mit einem durch Sahne verfeinerten Kalbsfond aufgegossen. Servieren Sie eine Scheibe auf ein paar grünen Feldsalatblättern, und runden Sie die Terrine durch eine pikante Blutorangensauce ab. Als warmes Vorgericht schließt sich die zartrosa Mousse vom Lachs an, die ohne Zweifel eines der besten Gerichte unserer Festmenüs ist. Den Zwischengang bildet ein herbes Sorbet aus rosa Grapefruits. Das Rezept finden Sie auf Seite 157. Sie können das Sorbet 3 Tage vorher zubereiten. Es wird dann vor dem Servieren nur noch aufgeschlagen. Dadurch hat die Gastgeberin während des Diners genug Zeit, um in der Küche den Hauptgang fertigzustellen: rosagebratenes Schweinefilet, umhüllt von Salsa verde, Spinatblättern und Briocheteig. Als Beilage eignet sich Spinat, verfeinert mit Mandeln und Crème fraîche.

Das Dessert ist das farblich intensivste Gericht des Menüs. Pistazieneis auf einer tiefroten Sauce aus schwarzen Kirschen und etwas grüner Kiwicoulis. Dazu gibt es ein phantastisches Gebäck, hauchdünne und malerisch geformte, knusprige Buttertuiles.

Dieses leicht verspielte Menü ist nicht ganz unkompliziert und somit etwas für wahre Hobbyköche. Doch ein Blick auf den Organisationsplan Seite 162 macht deutlich: Viele Gerichte lassen sich bereits mehrere Tage zuvor vor- oder zubereiten, und am Einladungstag hat der Küchenchef bis drei Stunden vor dem Diner frei. **Den Organisationsplan zu diesem Menü finden Sie auf Seite 162.**

Zu den beiden Vorspeisen servieren Sie am besten einen Weißwein von der Loire, zum Beispiel Sancerre. Zum Hauptgang empfehlen wir einen kräftigen Riesling aus dem Rheingau oder einen trockenen Spätburgunder Weißherbst aus Rheinhessen oder der Rheinpfalz.

VARIATIONEN

Grün-rosa Menü

Carpaccio mit Zitronenvinaigrette (Seite 44)

✻

Velouté von jungen Erbsen (Seite 56)

✻

Mousse vom Lachs (Seite 21) und Buttersauce mit Tiefseegarnelen und Sauerampfer (Variation Seite 22)

✻

Vacherin von Pistazien (Variation Seite 104) auf Sauerkirschcoulis (Variation Seite 105)

Rosa Menü

Carpaccio mit Zitronenvinaigrette (Seite 44)

✻

Mousse vom Lachs und Buttersauce mit Tiefseegarnelen (Seite 21 und 22), dazu neue Kartoffeln (Seite 58) rote Blattsalate mit Vinaigrette (Variation Seite 150)

✻

Palatschinken surprise (Seite 36) mit Nußeis (Variation Seite 27) und Blutorangensauce (Seite 160)

Menü

Champignonterrine mit Entenleber
auf Blutorangensauce

Mousse vom Lachs
Buttersauce mit Tiefseegarnelen und Dill

Sorbet von rosa Grapefruits

Schweinefilet mit Salsa verde im Briocheteig
Blattspinat mit Mandeln

Pistazieneis mit Kiwicoulis und Kirschsauce
Tuiles

CHAMPIGNONTERRINE MIT ENTENLEBER AUF BLUTORANGENSAUCE

Für 8 bis 10 Personen

für die Terrine:

5 Blatt weiße Gelatine

200 g Entenleber

3 EL Butter

1 kg Champignons (möglichst kleine Köpfe)

2 Schalotten

125 ml Kalbsfond (aus dem Glas)

200 g süße Sahne

Salz

Pfeffer aus der Mühle

Saft von ½ Zitrone

Zubereitung 1 Tag vorher notwendig, 2 Tage vorher möglich

1. Die Gelatineblätter in wenig kaltem Wasser 10 Minuten quellen lassen.
2. Die Entenleberstücke in 1 Eßlöffel Butter von allen Seiten scharf anbraten. Sie sollte noch fest sein, wenn Sie mit dem Finger darauf drücken. Die Leberstücke herausheben und auf Küchenkrepp abtropfen lassen.
3. Die Champignons putzen, nur kurz abwaschen und abtropfen lassen. Die Stiele aus den Köpfen herausdrehen. Die Schalotten schälen und fein hacken.
4. Die Stiele in 1 Eßlöffel Butter zusammen mit den Schalotten in etwa 8 Minuten weich dünsten. Anschließend im Mixer mit dem Kalbsfond pürieren.
5. Die Champignonköpfchen mit der restlichen Butter in eine Pfanne geben, die Sahne dazugießen und mit etwas Salz abschmecken. Die Champignonköpfe etwa 10 Minuten bei geschlossener Pfanne und mittlerer Hitzezufuhr dünsten. Dann mit einem Schaumlöffel herausheben und in einem Sieb abtropfen lassen.
6. Die Sahne in der Pfanne auf die Hälfte einkochen lassen und vom Herd nehmen. Die Gelatineblätter gut ausdrücken und einzeln in den Sahnefond einrühren, bis sie sich vollständig aufgelöst haben. Das Pilzpüree in den Sahnefond geben und mit Salz, Pfeffer und Zitronensaft abschmecken.
7. Die Terrinenform so mit Alufolienstreifen auskleiden, daß diese über den Rand hängen. Dann den Boden dicht mit zwei Schichten Pilzköpfchen auslegen.
8. Die Entenleberstücke in die Mitte legen, die Freiräume an den Seiten mit Pilzköpfen ausfüllen und die Terrine mit 2 Schichten Champignonköpfen abschließen. Den Pilz-Sahne-Fond vorsichtig in die Terrine gießen. Die Form mit Folie verschließen und die Terrine zum Festwerden in den Kühlschrank stellen.

Vor dem Servieren

9. Die Champignonterrine mit Hilfe der Alufolienstreifen lockern und sie dann stürzen.
10. Die Terrine mit dem elektrischen Messer in 1½ cm dicke Scheiben schneiden. Damit sie beim Schneiden nicht auseinanderfallen, müssen die Scheiben mit der linken Hand, auf der ein Stück Klarsichtfolie liegt, gehalten werden.
11. Jeweils eine Scheibe auf einen Vorspeiseteller legen. Pro Teller mit zwei bis drei geputzten Feldsalatröschen garnieren und 1 Eßlöffel Blutorangensauce angießen.

für die Garnitur:

Blutorangensauce (Seite 160)

12 Röschen Feldsalat

Besonderes Küchengerät: Terrinenform (1 l Inhalt)

Variation
Anstelle der Entenleber können Sie auch Hühnerleber nehmen.

MOUSSE VOM LACHS

Für 8 bis 10 Personen

400 g Lachsfilet

4 Eigelb

2 Eier

700 g süße Sahne

2½ TL Salz

Pfeffer aus der Mühle

etwas Butter zum Ausfetten der Soufléform

Besonderes Küchengerät: Soufléform (21 cm ∅)

Zubereitung 1 Tag vorher möglich

1. Vor der Zubereitung müssen alle Zutaten sehr gut gekühlt werden, sonst flockt die Mousse aus.
2. Den gekühlten Lachs in Stückchen schneiden und in der Küchenmaschine pürieren.
3. Die Eigelbe und die ganzen Eier im Mixaufsatz des Rührgeräts oder der Küchenmaschine verquirlen und das Fischpüree hinzufügen. Alles gut durchmixen. Dabei die Sahne in einem dicken Strahl dazugießen. Es muß eine homogene dickliche Masse entstehen. Diese mit Salz und Pfeffer kräftig würzen.
4. Eine Soufléform gut ausbuttern und die Fischmousse einfüllen. Mit Klarsichtfolie abdecken und bis zum nächsten Tag im Kühlschrank ruhen lassen.

Vor dem Servieren

5. Etwa 50 Minuten vor dem Servieren den Backofen auf 200°C vorheizen und für ein Wasserbad im Ofen ein wenig Wasser in die Fettpfanne gießen.
6. Die Lachsmousse in die Fettpfanne stellen und in 40 Minuten garen.
7. Die Lachsmousse in der Form servieren. Dazu eine Serviette um die Soufléform binden und diese auf einen Unterteller stellen. Die Buttersauce mit Hummerkrabben und Dill dazu servieren.

Variation

Das Gericht kann auch als **Hauptgang** serviert werden. Dann die doppelte Menge an Zutaten verwenden und zwei Soufléformen vorbereiten, die nebeneinander in das Wasserbad im Ofen passen. Die eine Mousse halten Sie im heißen Wasserbad im ausgeschalteten Ofen warm, während Sie die andere auftragen. Statt einer großen Soufléform können Sie die Mousse auch in Portionsförmchen, zum Beispiel in Herzförmchen, garen, sie anschließend stürzen und servieren.

BUTTERSAUCE MIT TIEFSEEGARNELEN UND DILL

Für 8 bis 10 Personen

100 g Schalotten

2 Bund Dill

1 EL Butter

600 ml Weißwein

1 EL Essig

400 g süße Sahne

300 g ausgelöste Tiefseegarnelen

300 g Butter, sehr gut gekühlt

Vorbereitung 1 Tag vorher möglich

1. Die Schalotten schälen und kleinschneiden. Die Dillspitzen von den Zweigen zupfen und in einem gut schließenden Plastikbehälter aufbewahren. Die Dillstengel zusammenbinden.
2. Die Schalotten in der Butter bei geringer Hitzezufuhr andünsten. Den Weißwein und den Essig dazugießen. Die Dillstengel hineinlegen und den Fond bei starker Hitzezufuhr auf ein Drittel einkochen lassen.
3. Die Dillstengel herausnehmen und über dem Fond leicht ausdrücken. Die Sahne in den Fond gießen und alles auf die Hälfte einkochen lassen. Den eingekochten Fond gut abgedeckt bis zum nächsten Tag kühl stellen.

Vor dem Servieren

4. Etwa 1 Stunde vor dem Servieren die Garnelen und die Dillspitzen aus dem Kühlschrank nehmen und in die Servierschale legen.
5. Die reduzierte Saucenbasis erhitzen. Die Butter in kleine Stücke schneiden und mehrere Portionen mit Hilfe des Pürierstabs unter die erhitzte Saucenbasis rühren, dabei den Topf auf der Herdplatte stehen lassen.
6. Die Buttersauce über die Garnelen und die Dillspitzen gießen, alles leicht mischen und sofort zusammen mit der Lachsmousse servieren.

Variationen

Tauschen Sie die Garnelen zum Beispiel gegen **Hummer-** oder **Krebsfleisch** aus. Statt des Dills eignet sich auch **Sauerampfer** oder **Spinat**. Die Blätter kurz blanchieren, gut ausdrücken und etwas zerkleinern.
Köstlich sind auch Frühlingszwiebeln in der Sauce. Beim Putzen der Zwiebeln das Grün bis auf 5 cm abschneiden. Die Zwiebelchen selbst ganz lassen, in etwas Butter kurz dünsten lassen und zum Schluß zur Sauce geben.
Sie können auch die Garnelen mit einigen Salatblättern auf Vorspeisentellern anrichten und die warme Buttersauce ohne Einlage unmittelbar vor dem Servieren darübergießen oder extra dazu reichen.

Tip

Tiefseegarnelen werden häufig auch als Hummerkrabben bezeichnet.

SORBET VON ROSA GRAPEFRUITS

Bereiten Sie das Sorbet bereits 3 Tage vor der Einladung nach dem Rezept auf Seite 157 zu. 5 Minuten vor dem Servieren muß es nochmals kurz aufgeschlagen und in Gläser gespritzt werden.

BLATTSPINAT MIT MANDELN

Für 8 bis 10 Personen

1½ kg frischer Spinat

75 g Butter

2 Knoblauchzehen

100 g blättriggeschnittene Mandeln

Salz

Pfeffer aus der Mühle

1 EL Zucker

150 g Crème fraîche

Vorbereitung 1 Tag vorher möglich
1. Den Spinat putzen, gründlich waschen und trockenschleudern. In Küchenhandtücher locker einwickeln oder in einen gut verschließbaren Behälter legen und in den Kühlschrank stellen.

Vor dem Servieren
2. Etwa 1 Stunde vor dem Servieren in einer Pfanne ein Viertel der Butter schmelzen lassen. Ein Viertel des Spinats hineingeben und so lange dünsten, bis er zusammengefallen ist. Mit einem Schaumlöffel herausheben und in einen mittelgroßen Topf legen. Den restlichen Spinat ebenso portionsweise dünsten.
3. Die Knoblauchzehen schälen, durch eine Knoblauchpresse zum Spinat drücken und alles mischen. Die Mandelblätter darunterheben und den Spinat mit Salz, Pfeffer und dem Zucker abschmecken.
4. Vor dem Servieren eventuell angesammeltes Spinatwasser abgießen. Die Crème fraîche vorsichtig unterrühren und den Spinat noch einmal erhitzen und abschmecken. In eine Servierschüssel füllen und zum Schweinefilet im Briocheteig reichen.

Variationen
Sie können als Beilage auch ein **Spinat-Zitronen-Gratin** wählen. Das hat den Vorteil, daß Sie alles am Vormittag vorbereiten und ½ Stunde vor dem Servieren den Spinat im Ofen bei 200°C nur noch gratinieren brauchen. Dünsten Sie 1½ kg Spinatblätter. Verquirlen Sie 500 g süße Sahne mit 2 Eiern und dem Saft von 1 Zitrone, und gießen Sie alles über den Spinat, der in einer ausgefetteten feuerfesten Form liegt.
Sie können die gedünsteten Spinatblätter auch abkühlen lassen und mit 200 g in Scheiben geschnittenen rohen Champignons und dem Saft von 1 Zitrone mischen und als **Salat** servieren.

SALSA VERDE

Für das Schweinefilet (Seite 24)

6 Bund Petersilie (etwa 40 Stiele)

7 Anchovisfilets, in Öl eingelegt

3 EL Kapern

3 EL Schalotten, kleingehackt

3 TL Knoblauch, kleingehackt

3 EL Zitronensaft

100 ml kalt gepreßtes Olivenöl

Zubereitung 1 Woche vorher möglich
1. Die Petersilie verlesen, waschen, trockenschleudern und die Blätter von den Stielen zupfen. Die Anchovisfilets kleinschneiden und anschließend auf einem Holzbrett mit einer Messerklinge zu einer Paste zerreiben. Die Kapern abtropfen lassen.
2. In mehreren Portionen die Petersilienblätter, die Kapern sowie die Schalotten und den Knoblauch im elektrischen Mixer pürieren und in eine Schüssel füllen.
3. Die zerdrückten Anchovis und den Zitronensaft hinzufügen. Das Öl unter Rühren portionsweise dazugießen. Es entsteht eine sehr dicke Petersilienpaste.
4. Die Salsa verde mit etwas Öl begießen, so daß sie mit einem Ölfilm bedeckt ist, die Schüssel mit Klarsichtfolie verschließen und in den Kühlschrank stellen.

Tip
Bereiten Sie die Salsa verde mit 300 ml Öl zu, dann haben Sie eine wunderbare Sauce zu kaltem Fleisch, zu Nudel-, Fisch- und Gemüsegerichten.

SCHWEINEFILET MIT SALSA VERDE IM BRIOCHETEIG

Die Hälfte der Spinatblätter in die Mitte des ausgerollten Teiges legen

Salsa verde und Schweinefilet auf die Spinatblätter geben

Den Teig über der Füllung zusammenlegen

Vorbereitung am Nachmittag des Vortags notwendig

1. Für den Briocheteig die Hefe mit dem Zucker verrühren. Mit der lauwarmen Milch aufgießen, 2 Eßlöffel Mehl dazurühren und den Hefevorteig warm stellen.
2. Das restliche Mehl mit 1½ Eßlöffeln Salz in eine Schüssel sieben, die Eier verquirlen, zum Mehl gießen und alles mit dem Knethaken des elektrischen Handrührgeräts kneten, bis sich der Teig zu einer Kugel formt.
3. Den aufgegangenen Teigansatz dazugeben und alles weiter durchkneten, bis sich der Teig von der Schüssel zu lösen beginnt. Dann etwa ½ Stunde an einem warmen Ort gehen lassen.
4. Die Butter in Flöckchen schneiden und in mehreren Portionen mit dem Knethaken in den Hefeteig kneten. Zum Schluß den Teig mit den Händen nochmals gut durchkneten und wieder an einem warmen Ort gehen lassen (mindestens ¼ Stunde). Diesen Vorgang noch zweimal wiederholen. Jedes Mal wird der Teig etwas zäher, er löst sich zum Schluß sehr gut von der Backschüssel.
5. Den Teig in eine gut verschließbare Plastikschüssel legen und über Nacht in den Kühlschrank stellen (bei niedrigster Kühlstufe).

Etwa 2 Stunden vor dem Servieren

6. Das Schweinefilet von Fett und Häutchen säubern, in der Butter von allen Seiten gut anbraten und auf Küchenpapier abtropfen lassen.
7. Die Spinatblätter putzen, waschen, sehr kurz blanchieren und sofort in kaltes Wasser tauchen, damit sie schön grün bleiben. Mit Küchenpapier sehr gut trockentupfen.
8. Ein Backtrennpapier in der Größe des Backblechs bereitlegen. Den Briocheteig aus dem Kühlschrank nehmen, nochmals durchkneten und auf dem Backtrennpapier 1 cm dick und 30 x 45 cm groß ausrollen. Von den Längsseiten zwei etwa 1 cm breite Streifen für die Dekoration abschneiden. Die Teigplatte zusammen mit dem Papier auf das Blech legen.

Für 8 bis 10 Personen

für den Briocheteig:

10 g Hefe

1 geh. EL Zucker

50 ml lauwarme Milch

250 g Mehl

Salz

3 kleine Eier

150 g Butter

außerdem:

1½ kg Schweinefilet (1 großes oder 2 kleine)

1 EL Butter

10 große oder entsprechend mehrere kleine Spinatblätter

Salsa verde (Seite 23)

Pfeffer aus der Mühle

1 Eigelb

1 EL süße Sahne

9. Fünf Spinatblätter in die Mitte der Teigplatte legen, 4 cm an den Teigrändern frei lassen. Die Hälfte der Salsa verde auf den Spinatblättern verteilen. Das Schweinefilet salzen, pfeffern und darauf legen. Wenn zwei Filets verwendet werden, müssen die dünnen Enden in der Mitte übereinanderliegen. Die noch übrige Salsa verde über das Fleisch verteilen und zum Schluß die Spinatblätter darüberlegen. Den Backofen auf 200°C vorheizen.
10. Den Teig über die Füllung schlagen, dabei die Seiten sorgfältig andrücken. Die Teigenden hochschlagen.
11. Die Briocherolle mit der Faltstelle nach unten legen. Das Eigelb mit der Sahne verquirlen und den Teig damit bestreichen. Die schmalen Teigbänder kreuzweise über die Briocherolle legen, gut andrücken und ebenfalls einpinseln.
12. Die Briocherolle etwa ½ Stunde backen und im ausgeschalteten Ofen ruhen lassen.

Vor dem Servieren
13. Die Briocherolle bei 70°C im Backofen ½ Stunde wärmen. Mit dem elektrischen Messer in 1½ cm dicke Scheiben schneiden und sofort servieren.

Tip
Sie können die Briocherolle auch schon einige Tage im voraus fertigstellen und sie tiefgefrieren. Backen Sie dann die Rolle nur etwa 20 Minuten, und frieren Sie sie, nachdem sie abgekühlt ist, ein. Tauen Sie sie vor der Einladung über Nacht auf, und backen Sie sie ¼ bis ½ Stunde bei 200°C. Eventuell muß die Teigrolle mit etwas Alufolie abgedeckt werden.

TUILES

Für etwa 30 Stück

100 g geklärte Butter (Seite 12)

100 g Zucker

80 g Mehl

80 g Eiweiß (4 Stück)

50 g halbfeste Butter zum Ausfetten der Backbleche

Besondere Küchengeräte:
2 flache Backbleche

Variation
Sie können die Tuiles als **Schälchen für Eis oder Mousse** verwenden: Drücken Sie die ofenheißen Tuiles in Tassen, so daß eine hauchdünne Gebäckschale mit flachem Boden entsteht.

Tip
Im Gourmetrestaurant werden die Tuiles unmittelbar vor dem Servieren gebacken, weil die Luftfeuchtigkeit sie weich werden läßt. Wenn Sie die Tuiles jedoch entsprechend aufbewahren, können Sie sie schon 1 Woche vorher backen.

Zubereitung 1 Woche vorher möglich

1. Die geklärte Butter in einer kleinen Pfanne bei schwacher Hitze schmelzen lassen.
2. Den Zucker im Mixer mahlen, damit er ganz fein wird. Mit dem Mehl in eine Schüssel sieben.
3. Die Eiweiße mit einer Gabel unter das Mehl und den Zucker rühren. Die geklärte, flüssige Butter nach und nach kräftig einrühren.
4. Den Teig einige Stunden kalt stellen. Übrigens kann er auch Tage im Kühlschrank stehen bleiben. Er wird dann immer zäher, das ist für das Gebäck noch besser.
5. Den Backofen auf 200°C vorheizen. Vier oder fünf quadratische, 30 cm große Alufolienstücke grob zusammenknüllen und auf der Arbeitsfläche neben dem Ofen bereitlegen. Auf dem kalten, absolut sauberen Backblech etwas von der Butter am besten mit den Fingern zu vier oder fünf weit auseinanderliegenden Kreisen mit 10 cm ∅ verstreichen.
6. Auf jeden Butterkreis 1 Teelöffel Teig geben und diesen dünn verstreichen. Am besten gelingt das, wenn Sie dafür Ihre in kaltes Wasser getauchten Fingerspitzen benutzen.
7. Die Tuiles 10 Minuten backen, die Ränder müssen hellbraun sein.
8. Das Blech dann sofort aus dem Ofen nehmen, und nun schnell arbeiten! Die zarten Tuiles mit einem Spachtel abheben und sie, solange sie noch warm sind, auf die Alufolienknäuel legen, phantasievoll zusammendrücken und auskühlen lassen.
9. Die Tuiles vorsichtig von der Alufolie abnehmen und locker in zwei oder drei große und sehr gut schließende Keksdosen legen. Die Dosen kann man zur Sicherheit noch mit Tesafilm abdichten, damit die Tuiles nicht feucht werden.

Vor dem Servieren

10. Die Tuiles vorsichtig aus den Dosen nehmen, in schöne Gebäckschalen legen und mit dem Pistazieneis und den Saucen servieren.

Auf jeden Butterkreis 1 Teelöffel Teig geben

Die noch warmen Tuiles auf die Alufolienknäuel legen

PISTAZIENEIS MIT KIWICOULIS UND KIRSCHSAUCE

Für 8 bis 10 Personen

für das Eis:

75 g geschälte Pistazien

150 g Zucker

175 ml Milch

2 Eigelb

175 g süße Sahne

2 Eiweiß

für die Kirschsauce:

1 Glas Schwarzkirschkonfitüre

¼ l Sauerkirschnektar

Saft von ½ Zitrone

2 bis 3 Tropfen Bittermandelöl

für die Kiwicoulis:

4 Kiwis

Zubereitung 3 Tage vorher möglich

1. Die Pistazien mit dem Zucker und der Milch in den Mixer geben und alles fein pürieren.
2. Die Eigelbe dazugeben, alles bei höchster Stufe gut durchmixen und die Sahne dazugießen.
3. Die Eiweiße zu steifem Schnee schlagen. Mit der Pistazienmilch mischen und in die Eismaschine geben. Etwa ½ Stunde in der Maschine rühren lassen.
4. Das fertige Eis in einen Plastikbehälter umfüllen, diesen verschließen und ins Gefrierfach stellen.
5. Für die Kirschsauce die Konfitüre mit so viel Sauerkirschnektar verrühren, daß eine sämige Sauce entsteht.
6. Diese mit Zitronensaft und Bittermandelöl abschmecken, mit Klarsichtfolie abdecken und in den Kühlschrank stellen.

Vor dem Servieren

7. Die Kiwis schälen, in Stücke schneiden und mit 4 Eßlöffeln Wasser pürieren. Auf jeden Dessertteller 4 Eßlöffel Kiwicoulis und 4 Eßlöffel Kirschsauce geben.
8. Mit dem Eiskugelbereiter schöne runde Bällchen vom Eis abstechen und in die Mitte der Teller legen. Das Dessert sofort mit den Tuiles servieren.

Variationen

Nach diesem Rezept können Sie ebenso **Nußeis** oder auch **Amarettoeis** zubereiten: 125 g Aprikosenkernmakronen (Amaretti) aus Italien im Mixer zerkleinern und das Eis mit 3 Teelöffeln Amarettolikör oder Cointreau abschmecken.
Für ein **Marzipaneis** nehmen Sie 75 g süße und 4 bittere Mandeln statt der Pistazien.

Tip

Eis niemals zu kalt servieren. Wird es im Tiefkühlschrank aufbewahrt, sollten Sie es ½ Stunde vor dem Servieren herausstellen. Ist das Eis im Gefrierfach des Kühlschranks, dann reicht es, den Kühlschrank einige Stunden vorher auf die kleinste Kühlstufe zu schalten.

Das Menü im April
Ein kleines „Beet" aus Petersilie, krausen Salatblättern und kleinen bunten Blumen zaubert den Frühling auf die Tafel

MILLE FLEURS

DER TISCH

Die österreichische Küche hat es uns besonders angetan, denn sie hat noch nichts von ihrer Großzügigkeit und Ursprünglichkeit verloren. Es ist heute noch so wie früher: Zu Festtagen wird ein weißes, gestärktes Tischtuch auf ein dickes Vlies gedeckt, hinter den riesigen, weißen und gestärkten Servietten verschwinden die Gäste fast ganz. Die Blumenvase wandert auf den Nebentisch, denn die Platten und Schüsseln sollten ja auf der Tafel genügend Platz haben. Unsere schönste Erinnerung: Als Kinder bekamen wir, wenn es als Beilage Erbsen gab, die wir nicht gern mochten, ein geheimnisvolles Extraschüsselchen mit „Fisolen" (grünen Bohnen).

Jeder wird in der österreichischen Küche verwöhnt, jeder bekommt reichlich, und alles schmeckt so, wie es schmecken soll. Kein Wunder, daß die meisten Gourmets diese Küche lieben. Also laden wir zu einem Diner nach österreichischem Vorbild ein, frei nach dem Motto: „aus der Mode gekommen ist das Alte, und das Neue ist vernarrt in die Vergangenheit."

Wie schön, wenn unsere Tischdekoration ein bißchen von all dem vermitteln kann: Eine weiße Damastdecke schmiegt sich an die Tischbeine, gestärkte Servietten geben der Tafel etwas Festliches. Ein kleines „Gartenstück", in dem kleinblütige Frühlingsblumen mit Salat und Petersilie einen bunten, heiteren Mille-fleurs-Teppich bilden, bringt die heitere Stimmung des Frühlings auf den Tisch. Zwei niedrige Pappkartons, jeweils 20 mal 40 cm groß, werden mit Alufolie oder Lackfolie überzogen und ausgeschlagen. Sie sind Behälter für ein Bett aus zartgrünem, krausem Salat, durchsetzt mit dunkelgrünen Petersilientuffs. In diesen dichten grünen Teppich, den Sie kurz mit Wasser besprühen, stecken Sie alle kleinen Frühlingsblumen, die Sie bekommen können: Primeln, Vergißmeinnicht, Tränende Herzen, winzige Osterglocken, Perlhyazinthen und auch die ersten Blüten der Obstbäume.

DAS MENÜ

Nach den einzelnen Speisen für unser Menü brauchen wir nicht lange zu suchen. Ein Gang über den Markt liefert uns genug Ideen und läßt uns das Wasser im Munde zusammenlaufen. Besonders all die frischen Kräuter haben es uns angetan.

Als Vorspeise gibt es ein außerordentlich dekoratives und wohlschmeckendes Fischgericht: Lachsfilet und Garnelen, in einer leichten Fischmousse. Das Ganze umhüllt von Spitzkohlblättern und im Wasserbad gegart, es klingt kompliziert, läßt sich aber einfach zubereiten. Die Sauerampfersauce wird warm dazu gereicht.

Die klare Bouillon ist zwar ein Nebenprodukt des Tafelspitzes, aber nichtsdestoweniger ein erstklassiges Vorgericht in unserem Menü. Sie wird hier österreichisch und frühlingshaft geschmückt mit winzigen Kügelchen aus Tomatenfleisch – Tomaten heißen in Österreich Paradeiser – mit glattblättriger Petersilie und mit Lauchjulienne.

Die zweite grüne Sauce dieses Menüs ist die Goethesche Sauce aus Hessen. Sie besteht aus Kräutern wie Pimpinelle, Borretsch, Petersilie, Schnittlauch usw. Sie unterstreicht das österreichische Hauptgericht, den Tafelspitz, ein sehr langsam gegartes spezielles Stück Rindfleisch, das geradezu auf der Zunge zergeht. Das erste junge Gemüse, wie der Wein in Frankreich „Primeurs" genannt, begleitet den Hauptgang. Es sind in einer Bouillon gegarte Kartöffelchen und glasierte junge Möhren. Ein grüner Blattsalat mit einer klassischen Vinaigrette rundet alles ab.

Das Menü schließt wahrhaft königlich mit Palatschinken surprise! Diese Nachspeise können Sie am Tisch, vor den Augen der Gäste, zusammenstellen. Kleine dünne heiße Pfannkuchen werden um ein Stück Vanilleeis gewickelt und mit zwei heißen Saucen, einer grünen aus Rhabarber und einer roten aus Erdbeeren, übergossen.

Das Ganze ist ein leichtes Essen aus klassischen, aber neu komponierten Gerichten, schön anzusehen und denkbar einfach zuzubereiten. Allerdings ist am Tag vor der Einladung viel zu tun. **Den Organisationsplan zu diesem Menü finden Sie auf Seite 163.**

Ein von der österreichischen Küche inspiriertes Menü verlangt auch entsprechende Weine. Sie können zu allen Gängen einen Grünen Veltliner aus der Wachau anbieten. Wenn Sie zum Hauptgang lieber Rotwein trinken wollen, dann empfehlen wir einen aus dem Gebiet um Klosterneuburg, entweder einen Burgunder (Pinot Noir) oder einen Blaufränkischen (Gamay-Traube).

VARIATIONEN

Vitello tonnato (Seite 54)

*

Klare Bouillon mit Primeurs (Variation Seite 34)
und Piroggen (Seite 146)

*

Lachsfilet (Seite 112) mit
Sauerampfer-Vermouth-Sauce (Variation Seite 113)

*

Veilchensorbet (Seite 156)

*

Palatschinken (Seite 36)
mit Schokoladenmousse gefüllt
(Variationen Seite 114) und
Suzettesauce mit Erdbeeren (Variation Seite 37)

Menü

Fischmousse
in Spitzkohlblätter gehüllt
mit Sauerampfersauce

Klare Bouillon mit Paradeisern

Tafelspitz mit Primeurs
Grüne Sauce

Grüne Blattsalate mit Vinaigrette

Palatschinken surprise
mit Rhabarber- und Erdbeercoulis

FISCHMOUSSE IN SPITZKOHLBLÄTTER GEHÜLLT

Für 6 Personen

200 g Merlan- oder Schollenfilet

200 g Crème fraîche

3 Eiweiß

1 großer Kopf Spitzkohl

Salz

Pfeffer aus der Mühle

8 cm langes Lachsfilet aus dem Mittelstück (ca. 250 g)

8 rohe Tiefseegarnelen

2 l Fischfond I (aus dem Glas)

Variationen
Die Fischmousse können Sie auch in **kleinen Portionsförmchen** im Wasserbad im Ofen 20 Minuten lang garen. Statt des Merlan- oder des Schollenfilets schmeckt auch **geräuchertes Forellenfilet** sehr gut. Dazu paßt eine Basilikumsauce (Variation zu Sauerampfersauce).

Zubereitung 1 Tag vorher möglich

1. Das Fischfilet, die Crème fraîche und die Eiweiße sehr gut kühlen, sonst gerinnt die Fischmousse.
2. Vom Spitzkohl acht schöne große Blätter ablösen, waschen und etwa 5 Minuten in gesalzenem Wasser blanchieren. Anschließend abschrecken und sehr gut trockentupfen. Die dicken Mittelrippen der Kohlblätter herausschneiden.
3. Für die Fischmousse das Merlan- oder das Schollenfilet in kleine Stücke schneiden und im Mixer pürieren. Die Crème fraîche und die Eiweiße portionsweise unter den pürierten Fisch mixen. Die Mousse mit Salz und Pfeffer würzen und kalt stellen.
4. Ein Passiertuch auf der Arbeitsfläche ausbreiten. Vier Kohlblätter so darauflegen, daß sie sich leicht überlappen und insgesamt etwa 20 cm lang sind.
5. Die Hälfte der Fischmousse in die Mitte der Blattfläche geben und über die gesamte Länge verstreichen. Das Lachsfilet der Länge nach halbieren und die Stücke hintereinander auf die Mousse legen. Die Tiefseegarnelen aus den Schalen lösen und neben den Lachs auf die Mousse legen.
6. Die restliche Mousse gleichmäßig darauf verteilen, so daß Lachs und Garnelen vollständig bedeckt sind. Mit den letzten vier Kohlblättern abdecken.
7. Das Tuch über der Rolle zusammenschlagen und sehr fest zusammenrollen, die beiden Enden fest zubinden.
8. Den Fischfond in einem Fischtopf aufkochen und die Rolle hineinlegen. Bei schwacher Hitzezufuhr etwa 25 Minuten köcheln lassen.
9. Die Fischrolle herausnehmen und abtropfen lassen. Vorsichtig das Tuch entfernen und die Rolle anschließend kühl stellen.

Vor dem Servieren

10. Die Fischrolle mit dem elektrischen Messer in 2 cm dicke Scheiben schneiden. Je ein bis zwei Scheiben auf sechs Teller legen und zusammen mit der Sauerampfersauce servieren.

Den Lachs und die Garnelen auf der Fischmousse anordnen

Das Ganze mit Hilfe des Passiertuchs fest zusammenrollen

SAUERAMPFERSAUCE

Für 6 Personen

400 g Sauerampfer

3 Eigelb

250 g süße Sahne

Salz

Pfeffer aus der Mühle

Etwa 2 Stunden vor dem Servieren
1. Den Sauerampfer verlesen und waschen. Kurz in gesalzenem Wasser blanchieren, anschließend herausnehmen, abschrecken und gut abtropfen lassen. Die Blätter leicht ausdrücken und pürieren.

Vor dem Servieren
2. Die Eigelbe mit der Sahne in einem Simmertopf oder im Wasserbad erwärmen, dabei so lange mit einem Schneebesen schlagen, bis eine cremige Sauce entstanden ist.
3. Das Sauerampferpüree unter die Sauce rühren. Alles noch einmal etwas erhitzen und mit Salz und Pfeffer abschmecken.
4. Die Fischrollenscheiben mit etwas Sauce umgießen. Die restliche Sauce in einer gewärmten Sauciere dazu reichen.

Variationen

Diese Sauce kann auf unterschiedliche Art abgewandelt werden.
Mit etwas **Curry-** oder **Safranpulver** und Zitronensaft paßt sie zu Krabben und zu Salat. Statt des Sauerampfers können Sie **Kerbel**, **Basilikum**, **Spinat** oder **Gurken** nehmen. Auch eine **Vanillesauce** läßt sich daraus leicht machen. Die aufgeschlagene Eiersahne wird mit dem Mark einer Vanilleschote und etwas Zucker abgeschmeckt.

Vorspeise

TAFELSPITZ UND KLARE BOUILLON

Für 6 Personen

für den Tafelspitz:

2 kleine Zwiebeln

1 Knoblauchzehe

2 Möhren

¼ Knollensellerie

1 Petersilienzweig

½ Lauch

4 EL geklärte Butter (Seite 12)

1½ kg Tafelspitz, gut abgehangen

1 Lorbeerblatt

für die Bouilloneinlage:

2 Fleischtomaten

1 Bund glattblättrige Petersilie

1 Lauch

Salz

Pfeffer aus der Mühle

Zubereitung 1 Tag vorher möglich

1. Die Zwiebeln, den Knoblauch, die Möhren und den Sellerie schälen, die Petersilie waschen, den Lauch putzen.
2. Die geklärte Butter in einem großen Topf (5 l Inhalt) erhitzen und das Fleisch mit dem geputzten Gemüse von allen Seiten anbraten. 3 l heißes Wasser angießen, das Lorbeerblatt dazugeben und das Wasser zum Kochen bringen. Den Tafelspitz 2 bis 3 Stunden bei schwacher Hitzezufuhr köcheln lassen, dabei den Topf nur halb zudecken.
3. Prüfen Sie nach etwa 2 Stunden mit einer Rouladennadel, ob das Fleisch gar ist. Es soll weich sein, darf aber nicht zerfallen.

Einige Stunden vor dem Servieren

4. Für die Bouilloneinlage die Fleischtomaten waschen, den Strunk entfernen und die Tomaten über Kreuz einschneiden. Mit kochendem Wasser übergießen und die Haut abziehen. Die Tomaten vierteln, die Kerne entfernen und aus dem Fleisch mit einem Kartoffelausstecher kleine Kugeln ausstechen. Zwölf Blättchen Petersilie abzupfen, waschen und trockentupfen. Den Lauch putzen, waschen und in feine Streifen schneiden.

Vor dem Servieren

5. Das Fleisch in der Brühe bei geringer Hitzezufuhr in etwa ½ Stunde erwärmen, nicht mehr kochen!
6. Etwa 1½ l Bouillon mit Salz und Pfeffer würzen. Die Tomatenkügelchen, die Petersilie und die Lauchstreifen in Suppentassen geben und mit Bouillon auffüllen.
7. Das Fleisch mit dem elektrischen Messer in 1½ cm dicke Scheiben schneiden und sie auf eine Platte legen. Primeurs und Grüne Sauce dazu reichen.

Tip

Je nach Geschmack kann man die Bouillon vor dem Hauptgericht servieren, aber auch dazu reichen.

Variation

In der kälteren Jahreszeit, wenn kein frisches junges Gemüse erhältlich ist, schmecken zum Tafelspitz sehr gut süß-saure Pflaumen (Seite 158), glasierte Schalotten (Seite 135) und Meerrettichsahne (Seite 65).

PRIMEURS

Für 6 Personen

18–20 kleine junge Möhren

1–1½ kg neue Kartoffeln (mehlig-festkochend)

1 Bund Petersilie

1 EL Butter

1 EL Zucker

Salz

ca. 1 l Bouillon vom Tafelspitz

Vorbereitung einige Stunden vorher möglich

1. Die Möhren schälen, waschen und das Grün so abschneiden, daß noch ein wenig an den Möhren bleibt.
2. Die Kartoffeln sehr gut abbürsten und sie in Wasser legen, damit sie nicht braun werden.
3. Die Petersilie waschen, die Blätter abzupfen, fein hacken und gut verschlossen beiseite stellen.
4. Die Butter in einem Topf mit großem Durchmesser schmelzen lassen, die Möhrchen dazugeben und bei geringer Hitzezufuhr zugedeckt andünsten. Den Zucker und etwas Salz dazugeben und die Möhrchen weitergaren, bis sie „al dente" sind.

Vor dem Servieren

5. Die Kartoffeln in der Bouillon gar kochen und in dieser Brühe mit der Petersilie servieren. Die Möhrchen kurz erhitzen und ebenfalls dazu reichen.

Variation

Sie können das erste zarte Gemüse auch als **Suppeneinlage** servieren. Rechnen Sie pro Person ein Möhrchen, ein paar Bohnen und einige Zuckerschoten, die in der Bouillon bißfest gegart werden.

Hauptgericht 35

GRÜNE SAUCE

Für 6 Personen

für die Mayonnaise:

1 Ei

¼ l Öl

3 EL Essig

2 TL Senf

Salz

Pfeffer aus der Mühle

außerdem:

1 Paket „Kräuter für Frankfurter Grüne Sauce"

1 hartgekochtes Ei

250 g Sahnequark

150 g saure Sahne

eventuell etwas Milch

eventuell ½ Knoblauchzehe

Zubereitung 1 Tag vorher möglich

1. Für die Mayonnaise das Ei mit dem Schneebesen des Handrührgeräts in einem hohen Gefäß etwa 3 Minuten gut schaumig schlagen. Das Öl in vier Portionen dazugeben, dabei ständig rühren.
2. Den Essig und den Senf unter ständigem Rühren hinzugeben. Die Mayonnaise dann mit Salz und Pfeffer abschmecken.
3. Für die Grüne Sauce die Kräuter verlesen, gründlich waschen, trockentupfen und mit dem Küchenmesser fein hacken oder mit dem Schneidstab pürieren. Das Ei pellen und ebenfalls fein hacken.
4. Den Quark zusammen mit der sauren Sahne und der Mayonnaise zu einer cremigen Sauce verrühren. Falls sie zu fest sein sollte, noch etwas Milch hinzufügen.
5. Die Kräuter und das Ei darunterheben und die Grüne Sauce mit Salz und Pfeffer und eventuell etwas durchgepreßtem Knoblauch abschmecken. Zugedeckt in den Kühlschrank stellen.

Tips

Die Kräuter für die Grüne Sauce (Pimpinelle, Borretsch, Schnittlauch, Sauerampfer, Dill, Petersilie, Estragon und Kerbel) bekommt man fertig abgepackt zu kaufen.
Ob Sie die Grüne Sauce mit oder ohne Mayonnaise zubereiten, bleibt Ihnen überlassen. Sie können dann anstatt Mayonnaise 4 Eßlöffel saure Sahne nehmen. Damit die Mayonnaise gelingt, müssen alle Zutaten die gleiche Temperatur haben. Wenn Sie sie nicht selbst zubereiten wollen, nehmen Sie 4 Eßlöffel fertige Mayonnaise aus dem Glas.

Grüne Blattsalate mit Vinaigrette
Als Zwischengang servieren Sie verschiedene grüne Blattsalate, die mit einer klassischen Vinaigrette angemacht werden.

PALATSCHINKEN SURPRISE MIT RHABARBER- UND ERDBEERCOULIS

Für 6 Personen

für die Coulis:

500 g grüner Rhabarber

abgeriebene Schale von 1 unbehandelten Zitrone

Zucker nach Geschmack

500 g Erdbeeren

Saft von 1 Zitrone

Vorbereitung 2 Tage vorher möglich

1. Den Rhabarber waschen, die Fäden abziehen und die Stangen kleinschneiden.
2. Die Rhabarberstücke zusammen mit der Zitronenschale in sehr wenig Wasser weich kochen. Anschließend mit dem Pürierstab pürieren und mit Zucker abschmecken.
3. Nun die Erdbeeren waschen, putzen und ebenfalls pürieren. Den Zitronensaft dazugeben und das Püree mit Zucker abschmecken. Die beiden Fruchtsaucen zugedeckt kalt stellen.
4. Für den Palatschinkenteig die Eier in einer Schüssel verquirlen. Nach und nach das Mehl und die Milch oder Milch und Wasser dazugeben und alles so lange verrühren, bis ein glatter, ziemlich flüssiger Teig entstanden ist.

für ca. 12 Palatschinken (Pfannkuchen):

2 Eier

200 g Mehl

¼ l Milch oder ⅛ l Milch und ⅛ l Wasser

1 TL Salz

1 TL Zucker

1 EL geschmolzene Butter

etwas abgeriebene Schale einer unbehandelten Zitrone

Butter zum Ausbacken

außerdem:

750 ml Vanilleeis

5. Das Salz und den Zucker, die geschmolzene Butter und die abgeriebene Zitronenschale darunterrühren. Den Teig mindestens 1 Stunde ruhen lassen.
6. Eine kleine Pfanne erhitzen und mit Butter auspinseln. So viel Teig hineingeben, daß der Boden hauchdünn bedeckt ist. Die Palatschinken backen, bis der Teig gestockt ist, dann wenden und auf der zweiten Seite hellbraun backen.
7. Ebenso alle anderen Palatschinken ausbacken und auf einen Teller schichten. Jeweils ein Stückchen Alufolie zwischen die einzelnen Palatschinken legen.
8. Zum Schluß alle Palatschinken in Alufolie einpacken und kühl stellen. Das Vanilleeis für die Füllung mit dem elektrischen Messer in 5 cm lange, daumendicke Stücke schneiden und diese wieder einfrieren.

Vor dem Servieren

9. Den Backofen auf 200°C vorheizen. Dann die in Alufolie verpackten Palatschinken für etwa 20 Minuten hineinstellen.
10. Die beiden Fruchtsaucen vorsichtig erwärmen, aber nicht aufkochen lassen und in zwei Schüsseln füllen.
11. Am Tisch in jeden Palatschinken ein Stück Vanilleeis wickeln. Die beiden heißen Früchtecoulis zu den Palatschinken reichen.

Tips

Früchtecoulis sind Saucen aus pürierten Früchten. Sie enthalten kein Bindemittel.
Wenn Sie das Dessert nicht am Tisch zusammenstellen wollen, wickeln Sie in die Palatschinken je eine Portion Eis, und frieren Sie sie dann einzeln ein.

Variation

Probieren Sie auch **Crêpes Suzette** mit Eis und Erdbeeren: Die gebackenen Pfannkuchen einzeln in Orangensauce (siehe Seite 160) tauchen, das Vanilleeis in die Pfannkuchen wickeln und die Rollen einzeln einfrieren. Kurz vor dem Servieren die restliche erwärmte Orangensauce mit etwas Orangenlikör abschmecken und 100 g eiskalte Butter in Flöckchen mit dem Pürierstab in die Sauce einarbeiten. 250 g frische Erdbeeren oder Orangenfilets dazugeben. Die Pfannkuchenrollen 5 bis 6 Minuten unter dem Grill erhitzen und sofort servieren.

Das Menü im Mai
Für das Mai-Menü wird der Tisch mit Rhododendron- und Magnolienblüten stilvoll dekoriert

SPARGELFREUDEN

DER TISCH

Wir lieben Spargel sehr. Unsere Freude über die erste einheimische Ernte ist so groß, daß wir den Spargel als Hauptgang unseres Maimenüs genießen wollen, und zwar so einfach wie möglich zubereitet. Ende des Monats ist Hochsaison, und es lohnt sich, auf die frisch gestochenen Stangen zu warten und ein Menü zusammenzustellen, dessen einzelne Gerichte zwar allesamt köstliche Überraschungen sind, die aber die Freude auf das Hauptgericht nicht nehmen. Der Spargel kündigt sich schon durch den Duft aus der Küche an, der jeden Gast empfängt.
Für die Tischdekoration nehmen wir gelblich-grüne Blätter, die ersten roten Rhododendrondolden und die letzten lila Magnolienblüten. Den richtigen Untergrund für die Blüten bietet ein königsblau eingefärbtes altes Damasttischtuch. Die Gedecke selbst sind diesmal so groß, daß für eine ausladende Tischdekoration in der Mitte kaum noch Platz bleibt. Nach einem prüfenden Blick durch die Räume nehmen wir als Behälter für die Blüten eine alte Porzellanteekanne, kleine Döschen und Schachteln, in die gerade etwas Wasser hineinpaßt. Auf einer größeren Tischfläche sähe auch eine weite, niedrige Schale mit Wasser, in der ein paar Blüten schwimmen, sehr hübsch aus. Vergessen Sie dabei nicht Ihre Lieblingsblumen. Vielleicht sind das statt des Rhododendrons und der Magnolien Pfingstrosen, Flieder oder die zarten Blüten des wilden Weißdornbusches?

DAS MENÜ

Eine wirklich ungewöhnliche Überraschung ist die Vorspeise. Verschiedenes junges, in Butter glasiertes Gemüse wird in große Spinatblätter eingeschlagen und anschließend nochmals im Wasserbad gegart, damit sich die unterschiedlichen Aromen gut verbinden. Dazu schmeckt die warme Sauce aus frischem Lachs, die mit Streifen von geräuchertem dekoriert wird.
Da beim Hauptgang das Spargelgemüse im Mittelpunkt steht, empfehlen wir als zweite Vorspeise Rindercarpaccio mit einer leichten Zitronenvinaigrette.
Das Hauptgericht präsentiert sich ganz klassisch. Der Spargel wird mit einer Sauce hollandaise und neuen Kartoffeln serviert. Die milde Mousse aus Kasseler ist eine schöne Alternative zum üblicherweise gereichten Schinken.
Zum Dessert hält das Menü noch einmal eine große Überraschung bereit: eine Eisbombe wird mit geschlagener Sahne umhüllt und entpuppt sich beim Aufschneiden als Erdbeer- und Rhabarbersorbet. Dazu wird Mandelbrot serviert, ein in schmale Streifen geschnittenes Gebäck.

Im Gegensatz zum Spargel, der sich schon durch seinen Duft ankündigt, sind die übrigen Speisen Überraschungen. Da der Spargel erst in letzter Minute gegart werden kann, müssen sich fast alle übrigen Teile des Menüs vorher zubereiten lassen. Das Carpaccio kann man bereits portionsweise wieder einfrieren. Die Saucen werden einige Stunden vorher zubereitet und warm gehalten. **Den Organisationsplan zu diesem Menü finden Sie auf Seite 164.**
Als Wein empfehlen wir einen trockenen Weißwein aus Baden oder eine Rieslingspätlese von der Mosel.

VARIATIONEN

Champignonterrine mit Hühnerleber (Variation Seite 20)
und Crème fraîche mit Estragon

✽

Rhabarbersorbet (Seite 48)

✽

Spargel (Seite 46), San-Daniele-Schinken
und Crème fraîche mit Basilikum
mit neuen, in Butter sautierten
Kartoffeln (Variation Seite 80)

✽

Erdbeerbavaroise mit Erdbeercoulis (Variation Seite 92)

oder

Kasselermousse mit Gelee (Seite 45) auf Gurkencoulis
(Variation Seite 76)

✽

Fondue von Spargel mit Krabben (Variation Seite 46)

✽

Erdbeersorbet auf Melonencarpaccio (Variation Seite 48)

Menü

❦

*Junges Gemüse im Spinatblatt
Lachssauce*

Carpaccio mit Zitronenvinaigrette

*Strümper Spargel
Sauce hollandaise
Neue Kartoffeln
Kasselermousse mit Gelee*

*Sorbet im Hemd
Mandelbrot*

JUNGES GEMÜSE IM SPINATBLATT

Für 6 Personen

1 Bund junge Möhren

60 g Butter

Salz

Zucker

2 Bund sehr kleine Frühlingszwiebeln

200 g Prinzeßböhnchen

200 g Zuckerschoten

6 große oder mehrere kleine Spinatblätter

1 Bund Brunnenkresse

Besondere Küchengeräte: 6 Porzellanförmchen oder ofenfeste Tassen

Vorbereitung 1 Tag vorher möglich

1. Die Möhren waschen, schälen und in feine Stifte schneiden. 1 Eßlöffel Butter in einer Pfanne mit einem gut schließenden Deckel erhitzen und die Möhren darin zugedeckt weich dünsten. Mit Salz und Zucker abschmecken.
2. Die Frühlingszwiebeln putzen, etwas Grün in Streifen schneiden, die weißen Köpfe halbieren. Die Zwiebeln mit dem Grün in etwas Butter dünsten, zum Schluß etwas Zucker dazugeben.
3. Für die Prinzeßböhnchen 1 l leicht gesalzenes Wasser zum Kochen bringen. Die Böhnchen putzen, waschen und etwa 10 Minuten kochen lassen.
4. Anschließend herausnehmen und in Eiswasser abschrecken. So behalten sie ihre schöne grüne Farbe.
5. Die Zuckerschoten putzen und wie die Böhnchen in kochendem Salzwasser garen, jedoch zusätzlich ein Stückchen Butter ins Wasser geben.
6. Die Spinatblätter gut waschen, in ein Sieb legen und mit kochendem Wasser übergießen. Anschließend abschrecken und gut trockentupfen.
7. Sechs Porzellanförmchen oder ofenfeste Tassen ausfetten und jeweils ein großes Spinatblatt hineinlegen, so daß die Enden über den Rand des Förmchens hängen. Die verschiedenen abgekühlten Gemüsesorten in die Förmchen schichten und darauf gewaschene Brunnenkresseblätter legen.
8. Alles gut zusammendrücken und die überhängenden Spinatblätter über das Gemüse klappen. Die Förmchen bis zum nächsten Tag in den Kühlschrank stellen.

Vor dem Servieren

9. Eine Fettpfanne mit Wasser füllen, in den Backofen stellen und diesen etwa ½ Stunde bei 200°C aufheizen. Anschließend das Gemüse im Förmchen etwa ½ Stunde in dem Wasserbad garen.
10. Das Gemüse aus den Förmchen auf die Vorspeiseteller stürzen und mit der warmen Lachssauce umgießen.

Die Förmchen mit einem großen Spinatblatt so auslegen, daß die Blattenden über den Förmchenrand hängen

Das Gemüse in die Förmchen schichten

Das Gemüse im Wasserbad garen

42 Spargelfreuden/Mai

LACHSSAUCE

Für 6 Personen

100 g frisches Lachsfilet

1 dünne Scheibe geräucherter Lachs

2 Eigelb

250 g süße Sahne

Saft von ½ Zitrone

Salz

Pfeffer aus der Mühle

Vor dem Servieren
1. Den frischen Lachs in kleine Stücke und den Räucherlachs in dünne Streifen schneiden.
2. Die Eigelbe und die Sahne in einem Simmertopf oder im Wasserbad mit dem Schneebesen verquirlen und unter Rühren so lange erhitzen, bis die Sauce sämig wird. Den Topf vom Herd ziehen.
3. Mit dem Pürierstab den frischen Lachs zerkleinern, eventuell etwas von der Sauce dazugeben. Anschließend das Lachspüree mit dem Pürierstab unter die weiße Sauce mischen.
4. Die Sauce nun nicht mehr erhitzen, da sonst das Fischpüree ausflockt, und mit Zitronensaft, Salz und Pfeffer abschmecken.
5. Das Gemüse im Spinatblatt mit jeweils 4 Eßlöffeln Sauce umgießen und einige Räucherlachsstreifen zur Dekoration auf der Sauce verteilen.

Variation
Nehmen Sie statt des frischen Lachses 100 g **geräucherten Lachs**, **Aal** oder **Thunfisch**.

Tip
Wenn Sie einen Thermosbehälter haben, können Sie die Sauce bereits 2 Stunden vor dem Servieren zubereiten und dann darin warm halten.

Vorspeise

CARPACCIO MIT ZITRONENVINAIGRETTE

Für 6 Personen

für das Carpaccio:

500 g Rinderfilet

für die Zitronenvinaigrette:

1 Bund Petersilie

6 EL Olivenöl

3 EL Zitronensaft

1 Röhrchen kleine Kapern

Salz

Pfeffer aus der Mühle

Vorbereitung 3 Tage vorher möglich

1. Das Rinderfilet leicht anfrieren, damit es sich besser schneiden läßt. Aus Pergamentpapier oder aus Alufolie sechs Blätter in der Größe eines Tellers zurechtschneiden.
2. Das Filet mit der Brotmaschine oder dem elektrischen Messer in hauchdünne Scheiben schneiden und jeweils acht bis zehn Filetscheiben auf ein Blatt Alufolie oder Pergamentpapier legen. Die einzelnen Blätter aufeinanderlegen, nochmals alles in Alufolie einwickeln und bis zur Verwendung ins Gefrierfach legen.
3. Für die Zitronenvinaigrette die Petersilie waschen, verlesen, trockentupfen und die Blätter sehr fein hacken.
4. Das Öl und den Zitronensaft verquirlen, die Kapern und die Petersilie dazugeben und mit Salz und Pfeffer abschmecken. Zugedeckt kühl stellen.

1 Stunde vor dem Servieren

5. Die Rinderfiletscheiben aus dem Gefrierschrank nehmen und die einzelnen Lagen etwa ¼ Stunde antauen lassen.
6. Die Scheiben auf sechs Teller legen und die Alufolie oder Pergamentpapier abziehen. Die Zitronenvinaigrette noch einmal kurz aufschlagen und jede Portion Carpaccio mit 2 Eßlöffeln davon überziehen.
7. Das Carpaccio noch einmal mit etwas Pfeffer würzen. Das Fleisch taut bis zum Essen vollständig auf.

Tip
Sie können das Filet auch am Tag der Einladung vom Metzger gleich schneiden und auf Alufolie oder Butterbrotpapier anordnen lassen.

KASSELERMOUSSE MIT GELEE

Zubereitung der Mousse 2 Tage vorher notwendig

1. Für die Kasselermousse das Fleisch in kochendes Wasser legen – es muß ganz bedeckt sein – und etwa 20 Minuten bei geringer Hitzezufuhr ziehen lassen.
2. Das Fleisch herausnehmen und in kleine Stücke schneiden. Diese im Mixer pürieren. Das Fleischpüree zum Abkühlen in den Kühlschrank stellen. Die Brühe ebenfalls kühl stellen.
3. Die süße Sahne sehr steif schlagen und vorsichtig in zwei Portionen mit dem Fleischpüree mischen.
4. Eine kleine Kastenform (1 l Inhalt) mit Alufolie auskleiden und die Mousse hineinfüllen. Dann in den Kühlschrank stellen.

Zubereitung des Gelees 1 Tag vorher notwendig

5. Für das Gelee 4 Eßlöffel von der Brühe abnehmen. Die restliche Kochflüssigkeit auf ½ l einkochen lassen.
6. Die gemahlene Gelatine mit den 4 Eßlöffeln Flüssigkeit verrühren und etwa 10 Minuten quellen lassen.
7. Die gequollene Gelatine in die heiße, aber nicht kochende Brühe geben und gut verrühren, bis sie sich aufgelöst hat. Nicht kochen lassen!
8. Die Brühe durch ein feines Sieb gießen. Mit dem Portwein und etwas Pfeffer abschmecken.
9. Mit der Brühe auf mehrere Teller einen etwa 1 cm hohen Spiegel gießen und das Gelee an einem kühlen Ort erstarren lassen. Anschließend mit einem spitzen Messer vorsichtig in kleine Würfel schneiden.
10. Mit einem Löffel die Geleewürfelchen in ein kleines Gefäß füllen und in den Kühlschrank stellen.

Einige Stunden vor dem Servieren

11. Die Mousse stürzen. Mit dem elektrischen Messer in 1 cm dicke Scheiben schneiden. Dabei mit der freien Hand die Scheiben abstützen, damit sie nicht brechen, und sie dann vorsichtig auf einer Platte mit den Geleewürfeln anrichten.

Die Kasselermousse in Scheiben schneiden

Das erstarrte Gelee in Würfel schneiden

Für 6 Personen

für die Kasselermousse:

500 g ausgelöstes Kasseler (nicht zu salzig, ohne Fett)

150 g süße Sahne, gut gekühlt

für das Gelee:

2 TL gemahlene Gelatine

1 EL Portwein

Pfeffer aus der Mühle

Besonderes Küchengerät: Kastenform (1 l Inhalt)

Variationen

Sie können das **Gelee** auch **aus klarem Borschtsch** (Seite 145) oder **aus klarer Bouillon** (Seite 34) herstellen. Servieren Sie statt der Kasselermousse **pochiertes Kasseler** als Fleischbeilage zum Spargel. Dafür lassen Sie ein 1 kg schweres, ausgelöstes Kasseler etwa ½ Stunde, wie beschrieben, in heißem Wasser ziehen.

Hauptgericht

STRÜMPER SPARGEL

Für 6 Personen

3 kg weißer frischer Spargel

1 EL Salz

1 EL Zucker

Vorbereitung 1 Tag vorher möglich
1. Den Spargel sorgfältig schälen, ihn in feuchte Geschirrtücher wickeln und in den Kühlschrank legen.
2. Die Schalen in 3 ½ l Wasser ½ Stunde auskochen, das Wasser abgießen und kühl stellen.

Vor dem Servieren
3. Etwa ½ Stunde vor dem Servieren das Spargelwasser in einem großen Topf (5 l Inhalt) aufkochen. Mit Salz und Zucker würzen.
4. Die Hälfte des Spargels hineinlegen und in 18 bis 20 Minuten gar ziehen lassen.
5. Den Spargel mit dem Schaumlöffel herausnehmen, sofort den restlichen Spargel in das Wasser legen und ihn ebenfalls in 18 bis 20 Minuten gar ziehen lassen.
6. Eine Servierplatte mit einer weißen Serviette auslegen und den Spargel daraufgeben, damit das restliche Wasser aufgefangen wird. Die Serviettenenden über den Spargel schlagen, so bleibt er länger warm. Den Spargel mit Sauce hollandaise, Kasselermousse, Gelee und neuen Kartoffeln servieren.

Variation
Reichen Sie den Spargel als Vorspeise **„Spargelfondue"**. Dafür 1 kg Spargel schälen und quer halbieren. Die unteren Spargelhälften in etwas Wasser gar kochen und mit etwas Kochflüssigkeit im Mixer pürieren. Die oberen Spargelhälften mit 2 Eßlöffeln Butter und etwas Wasser etwa ¼ Stunde zugedeckt bei schwacher Hitze garen. Das Spargelpüree mit 200 g Crème fraîche mischen, über die Spargelspitzen gießen und alles etwas einkochen lassen. Unmittelbar vor dem Servieren noch einmal erhitzen, 300 g geschälte Garnelen dazugeben und die Vorspeise auf sechs Teller verteilen. Mit Kerbel bestreuen.

SAUCE HOLLANDAISE

Für 6 Personen

6 Eigelb

250 g Butter

Saft von 1 Zitrone

Salz

Pfeffer aus der Mühle

Vor dem Servieren
1. Die Eigelbe mit 50 ml Wasser in einen Simmertopf geben, langsam erwärmen und dabei mit einem Schneebesen nach und nach die Butter in kleinen Stückchen unter die Eigelbe schlagen, bis die Sauce dicklich wird (oder die Sauce ein einem Wasserbad aufschlagen).
2. Den Topf vom Herd ziehen. Die Sauce mit Zitronensaft, Salz und Pfeffer abschmecken und noch einmal durchschlagen.
3. Die Sauce in eine erwärmte Saucenkanne füllen und zum Spargel reichen.

Als Beilage zu Spargel, Kasselermousse, Sauc hollandaise und Gelee servieren Sie **neue Kartoffeln mit Dill**. 1½ kg Kartoffeln schälen und mit 1 Bund Dill 20 Minuten in Salzwasser garen. Anschließend in 5 Eßlöffeln Butter schwenken und mit Dillspitzen garnieren.

Tip
Sollte die Hollandaise zu dick werden, etwas Wasser hinzufügen und die Sauce noch einmal durchschlagen. Wenn Sie spezielle Thermosbehälter haben, können Sie die Sauce 2 Stunden vor dem Servieren zubereiten und dann vor dem Anrichten nur noch einmal kurz durchschlagen.

Hauptgericht 47

SORBET IM HEMD

Für 8 bis 10 Personen

für das Erdbeersorbet:

1 kg Erdbeeren

230 g Zucker

etwas Zitronensaft

für das Rhabarbersorbet:

1 kg Rhabarber

1 Stückchen Schale einer unbehandelten Zitrone

300 g Zucker

für die Garnitur:

250 g süße Sahne

250 g schöne Erdbeeren

Vorbereitung 3 Tage vorher notwendig

1. Für das Erdbeersorbet die Erdbeeren waschen, putzen und pürieren. 300 ml Wasser mit dem Zucker in einem kleinen Topf aufkochen und in 5 Minuten zu Zuckersirup kochen lassen.
2. Den Sirup mit dem Erdbeerpüree mischen und alles mit etwas Zitronensaft abschmecken.
3. Das Ganze in der Eismaschine etwa 20 Minuten rühren lassen. Anschließend in ein Plastikgefäß füllen und bei niedrigster Stufe in das Gefrierfach des Kühlschranks stellen.
4. Für das Rhabarbersorbet den Rhabarber waschen, die Fäden abziehen, die Stangen in Stücke schneiden und zusammen mit der Zitronenschale in 375 ml Wasser weich kochen.
5. Die Rhabarberflüssigkeit durch ein Sieb in einen kleinen Topf geben, mit dem Zucker kurz aufkochen und dann weitere 5 Minuten kochen lassen. Die Rhabarberstückchen pürieren und mit dem Rhabarbersirup mischen. Die Masse in der Sorbetmaschine etwa 20 Minuten rühren lassen.
6. Eine runde Schüssel mit einem langen Streifen Alufolie auslegen, so daß die Enden über den Schüsselrand hängen. Die beiden Sorbets abwechselnd in vier Lagen in die Schüssel schichten. Die Schüssel abdecken und das Sorbet tiefgefrieren.

Einige Stunden vor dem Servieren

7. Die Schüssel kurz in kaltes Wasser stellen, das Sorbet mit Hilfe des Alustreifens lockern und es auf eine Platte stürzen.
8. Die Sahne steif schlagen und das Sorbet damit überziehen. Bis zum Servieren bei niedrigster Stufe ins Gefrierfach stellen. Die Erdbeeren putzen.

Vor dem Servieren

9. Das Eis mit den geputzten Erdbeeren umlegen und das Mandelbrot dazu reichen.

Tip

Sie können das sahneüberzogene Sorbet auch im Tiefkühlschrank aufbewahren. Dann sollten Sie es jedoch ½ bis ¾ Stunde vor dem Essen bei Zimmertemperatur antauen lassen.

Variation

Servieren Sie in der Zeit, in der Melonen Saison haben, **Erdbeersorbet mit Melonencarpaccio:** Dafür eine Honigmelone in sechs Spalten schneiden, schälen und entkernen. Das Fruchtfleisch in hauchdünne Scheiben schneiden. Diese kreisförmig auf sechs Dessertteller anordnen. In die Mitte eine Kugel Erdbeersorbet setzen.

Nach dem Rezept für Erdbeersorbet können Sie auch **Melonen-** oder **Birnensorbets** zubereiten.

MANDELBROT

Für 8 Personen

100 g weiche Butter

100 g Mehl

100 g geriebene Mandeln

100 g frisches Eiweiß (ca. 3 Stück)

1 Prise Salz

250 g Zucker

Besonderes Küchengerät
1 viereckige Auflaufform (20 x 30 cm)

Zubereitung 1 Tag vorher möglich

1. Den Backofen auf 190°C vorheizen. Die Butter mit den Schneebesen des Handrührgerätes schaumig schlagen, das Mehl und die Mandeln darunterrühren.
2. Die Eiweiße zusammen mit einer Prise Salz zu steifem Schnee schlagen (mindestens 5 Minuten lang). Danach den Zucker in drei Portionen vorsichtig darunterziehen.
3. Zuerst nur zwei gehäufte Eßlöffel des Eischnees und erst danach auch den Rest vorsichtig aber gleichmäßig unter die Buttermischung ziehen.
4. Die Auflaufform mit Backtrennpapier auslegen, den Teig hineinfüllen und seine Oberfläche glattstreichen. Die Form in den Ofen stellen und den Teig in etwa ½ Stunde backen. Er sollte oben und unten eine harte Kruste haben und innen noch weich sein.
5. Das Mandelbrot aus der Form stürzen, abkühlen lassen und erst danach in fingerdicke Streifen schneiden. Das Gebäck zum Dessert reichen.

Das Menü im Juni
Für das Sommermenü ist der
Tisch mit bunten Bändern und
Kirschen geschmückt

EINE SPONTANE EINLADUNG

DER TISCH

Die Ferienmonate stehen vor der Tür, und bevor alle in Urlaub fahren, wollen wir mit unseren Freunden noch einmal feiern. Viel Zeit für große Vorbereitungen bleibt nicht, darum laden wir an einem warmen Frühsommerabend zu einem einfachen und unkomplizierten Essen ein. Unter dem duftenden Dach des blühenden Lindenbaumes im Garten decken wir den Tisch.
Bunte Bänder bilden auf dem weißen Tischtuch ein großes Karomuster, rote Kirschen mit Stiel und Blättern, frisch vom Baum gepflückt, sind dazwischen ausgestreut und lockern die geometrische Strenge auf. Wir decken dunkelrote oder helle Platzteller zu einem sommerlichen Steingutgeschirr. Die liebenswürdige Tischdekoration entspricht dem leichten Sommermenü, das bereits am Vortag zubereitet werden kann.
Wenn Sie statt der Kirschen einige Blüten der ersten Sommerblumen über die mit Bändern geschmückte Tischdecke streuen, haben Sie eine neue Dekorationsidee. Sie können Glockenblumen, Fingerhut, Rittersporn, Margeriten, Verbenen (Eisenkraut), kleine Röschen oder Geranienblüten bereits am Nachmittag pflücken und sie in einem Plastikbehälter mit etwas Wasser bis zum Abend frisch halten. Die Blüten werden dann kurz vor dem Eintreffen der Gäste auf das Tischtuch gestreut.
Haben Sie einen großen Tisch, auf dem die Mitte frei bleibt, können Sie auch die Idee der „schwimmenden Blüten" verwirklichen: In eine flache Glasschale gießen Sie ein wenig Wasser und lassen darauf einige lila Fingerhutblüten mit zwei oder drei grünen Blättern schwimmen.

DAS MENÜ

Das Menü wird mit dem italienischen Vitello tonnato, einem sommerlichen, kalten Kalbfleischgericht, eröffnet. Auf den Vorspeisentellern liegen ganz dünn geschnittene Kalbfleischscheiben, die mit einer kalten Thunfisch-Sahne-Sauce überzogen sind. Einige Lollo-rosso-Blätter und Kapernfrüchte am Stiel verzieren das Gericht.
Es folgt eine herrlich grüne Gemüsevelouté aus pürierten jungen Erbsen. Dazu werden in Butter geröstete Brotwürfel serviert.
Eine der schönsten Delikatessen des Frühsommers ist der schmelzend-zarte junge Matjes. Arrangieren Sie die Filets in einer Glasschale auf einem Bett aus zerstoßenem Eis oder auf einem Eisblock, in den Sommerblüten eingefroren sind. Dazu gibt es Bohnen (Haricots verts) und in Butter geschwenkte kleine neue Kartoffeln.
Zur Erfrischung servieren wir als Zwischengericht ein Gurkensorbet.
Nach den vielen kalten Genüssen schließt das Menü mit einem warmen Dessert ab: Verschiedene rote Sommerfrüchte, wie zum Beispiel Kirschen, Himbeeren und Erdbeeren, werden mit einer Masse aus Mandeln, Haferflocken, Zuckerrohrsirup und Sahne im Ofen überbacken. Dazu serviert man flüssige Sahne oder eine Vanillesauce.
Die Gerichte sind unkompliziert, bestehen jedoch aus Zutaten, die von allerbester Qualität sein müssen. Das gesamte Menü läßt sich bereits am Vortag zubereiten.
Den Organisationsplan dazu finden Sie auf Seite 165.
Als Wein empfehlen wir einen trockenen und weißen Sancerre oder Pouilly-Fumé. Vielleicht ziehen Sie jedoch einen italienischen Weißwein, einen Soave Classico, zu den Vorspeisen und ein Bier zum Matjes vor.

VARIATIONEN

Junimenü
(kann am Vortag zubereitet werden)

Kasselermousse mit Gelee (Seite 45)
und Crème fraîche mit frischem Estragon

✻

Gurkensuppe (Seite 76)

✻

Heilbutt im Garten (Seite 89) mit Blattsalat (Seite 36)

✻

Überkrusteter Rhabarber (Variation Seite 59)
mit Erdbeercoulis (Seite 37)

Junimenü
(kann 2 Stunden vorher zubereitet werden)

Forellen en papillotte
(Variation Seite 77)

✻

Eisgekühlte Velouté von roten Beten mit
Gurkenwürfelchen (Variation Seite 56)

✻

Pochiertes Kasseler (Variation Seite 45),
Crème fraîche mit Basilikum und
Brokkoli mit Mandeln (Variation Seite 58)

✻

Frische Himbeeren
mit Champagnerchaudeau (Variation Seite 151)

Menü

🌱

Vitello tonnato

Velouté von jungen Erbsen

Junge Matjes auf Eis
Grüne Bohnen
Neue Kartoffeln

Gurkensorbet

Überkrustete Sommerfrüchte

VITELLO TONNATO

Für 6 Personen

für das Kalbfleisch:

½ l Geflügelfond (aus dem Glas)

300 ml Weißwein

2 Lorbeerblätter

1 Bund Petersilie

5 Pfefferkörner

½ kg Kalbfleisch (aus der Nuß)

für die Thunfischsauce:

2 Anchovisfilets

100 ml Olivenöl

100 g Thunfisch in Öl

1 Eigelb

1 EL Zitronensaft

50 g süße Sahne

1 EL kleine Kapern

Salz

Pfeffer aus der Mühle

Zubereitung 1 Tag vorher notwendig

1. Für die Brühe den Geflügelfond mit dem Weißwein, den Lorbeerblättern, der gewaschenen Petersilie und den Pfefferkörnern aufkochen lassen.
2. Das Fleisch in die kochende Brühe legen, es muß knapp mit Flüssigkeit bedeckt sein, eventuell noch etwas Wasser angießen. Die Brühe kurz aufwallen lassen, die Hitzezufuhr verringern und das Ganze etwa 1¼ Stunden ganz schwach köcheln lassen. Das Fleisch soll nach Ende der Garzeit weich sein. Stechen Sie zur Garprobe mit der Fleischnadel hinein.
3. Das Fleisch in der Brühe abkühlen lassen. Für die Thunfischsauce 100 ml Brühe abnehmen, durch ein feines Sieb gießen und ebenfalls abkühlen lassen.
4. Die Anchovisfilets wässern. Das Olivenöl, den Thunfisch, das Eigelb, die kleingeschnittenen Anchovisfilets und den Zitronensaft mit dem elektrischen Mixer pürieren. Die Sahne dazugießen. So lange abgekühlte Kalbfleischbrühe unter die Sauce rühren, bis diese eine sahnige Konsistenz hat. Die Kapern in die Sauce geben und diese mit Salz und Pfeffer abschmecken.
5. Das Kalbfleisch, wenn nötig, vom Fett befreien und mit dem elektrischen Messer in dünne Scheiben schneiden.
6. Die Hälfte der Thunfischsauce auf sechs Vorspeiseteller gießen. Die Kalbfleischscheiben darauf verteilen und mit der restlichen Sauce überziehen. Die Teller mit Alufolie abdecken und über Nacht kühl stellen.

Vor dem Servieren

7. Den Lollo rosso putzen und waschen. Das Vitello tonnato mit einigen Lollo-rosso-Blättern garnieren, jeweils eine Zitronenscheibe und zwei Kapernfrüchte oder kleine Kapern dekorativ dazulegen.

für die Garnitur:

1 kleiner Kopf Lollo rosso

6 Scheiben einer Zitrone

12 große Kapernfrüchte (siehe auch Tip Seite 91) oder kleine Kapern (aus dem Glas)

Variationen

Wenn Sie Vitello tonnato als Hauptspeise servieren, sollten Sie die doppelte Menge zubereiten und es auf zwei großen flachen Tellern oder Platten anrichten. Dazu warmen Spinat oder Spinatsalat reichen. Sie können statt Kalbfleisch auch Hühnerbrüstchen verwenden und ein **Pollo tonnato** zubereiten: dafür im Kalbsfond drei bis vier Hühnerbrüstchen etwa ¼ Stunde garen. Das Fleisch schräg in dünne Scheiben schneiden und statt mit Kapern mit schwarzen Oliven garnieren.

Vorspeise 55

VELOUTE VON JUNGEN ERBSEN

Für 6 Personen

für die Sauce:

300 g Zuckerschoten

400 g tiefgekühlte junge Erbsen

Salz

600 ml Rinderfond (aus dem Glas)

200 g süße Sahne

Zucker

Pfeffer aus der Mühle

für die gerösteten Brotwürfel:

2 Scheiben Toastbrot

Butter zum Bestreichen

Variation

Wie wäre es mit einer **Velouté von roten Beten**, die warm oder eisgekühlt serviert werden kann? Im Handel gibt es gekochte rote Beten zu kaufen. Für die Velouté 400 g gekochte rote Beten pürieren, mit Rinderfond und saurer Sahne aufgießen und vorsichtig erwärmen. Die Velouté darf nicht kochen, damit sie ihre schöne rote Farbe nicht verliert. Mit etwas Zitronensaft abschmecken. Als Einlage nehmen Sie einige Zuckerschoten, Gurkenwürfelchen oder in Zitronensaft marinierte Avocadowürfel. Hübsch sieht auch ein Häubchen aus Crème fraîche mit pürierten Kräutern der Saison aus. Es eignen sich Kerbel, Estragon, Dill oder Minze.

Zubereitung 1 Tag vorher möglich

1. Für die Suppe von den Zuckerschoten die Enden abschneiden und die Fäden abziehen. In einem Topf etwas Wasser aufkochen lassen, die Zuckerschoten hineingeben und etwa 7 Minuten garen, bis sie weich, aber noch bißfest sind.
2. Die Zuckerschoten mit dem Schaumlöffel herausheben und sofort in Eiswasser abschrecken, damit sie ihre grüne Farbe behalten.
3. Die Erbsen in wenig Salzwasser bißfest garen, abtropfen lassen und im Mixer pürieren. Die Zuckerschoten hinzufügen. Das Ganze mit dem Rinderfond aufgießen und alles fein pürieren.
4. Die Suppe durch ein Sieb in einen Topf gießen, die Sahne hinzufügen und die Suppe mit Salz, Zucker und Pfeffer abschmecken. Zugedeckt kühl stellen.

3 Stunden vor dem Servieren

5. Für die Brotwürfel die Toastbrotscheiben auf beiden Seiten mit Butter bestreichen, in einer Pfanne goldgelb rösten und abkühlen lassen. Anschließend in winzig kleine Würfel schneiden und in eine Schüssel füllen.

Vor dem Servieren

6. Die Velouté bei niedrigster Hitzezufuhr etwa ¼ Stunde langsam wärmen und noch einmal abschmecken. In Suppentellern anrichten und sofort servieren. Die Brotwürfel extra dazu reichen.

JUNGE MATJES AUF EIS

Für 6 Personen

zur Dekoration:

1 Handvoll flache Blütenköpfchen (Margeriten, Verbenen, Geranien)

Vorbereitung 1 Tag vorher möglich
1. Sollen die Matjes auf einem Eisblock mit eingefrorenen Blüten serviert werden, dann in eine flache, viereckige oder ovale Auflaufform (1 l Inhalt) frisch gepflückte Blüten mit der Oberseite nach unten legen und soviel Waser darübergießen, daß die Schale 1 cm hoch gefüllt ist. Die Schale in das Gefrierfach stellen, bis das Wasser gefroren ist.
2. Die Schale herausnehmen, mit Wasser ganz auffüllen und alles erneut gefrieren lassen.

Vor dem Servieren
3. Den Eisblock aus der Form lösen. Dazu die ganze Auflaufform in kaltes Wasser stellen. Anschließend mit einem Brett oder einem Tablett abdecken, umdrehen und die Form abheben. Den Eisblock entweder auf dem Tablett lassen oder in eine Glasform legen. Die Matjesheringe auf dem Blüteneisblock anrichten. Servieren Sie die Matjesheringe zusammen mit den grünen Bohnen und neuen Kartoffeln.

für die Matjes:

5 frische Matjesheringe (ein Matjeshering besteht jeweils aus zwei Filets, die an der Schwanzflosse noch zusammenhängen)

Variation
Die Matjesheringe können auch auf einem Bett aus gestoßenem Eis serviert werden. Dafür besorgen Sie sich beim Fischhändler eine mittelgroße Schale voll Dekorationseis, das Sie bis zum Gebrauch im Gefrierfach aufbewahren. Kurz vor dem Servieren häufen Sie die Eisstückchen auf einen großen flachen Unterteller und setzen in die Mitte mit leichtem Druck eine Glasschale mit den Matjes und einigen Blüten.

Tip
Schmeckt Ihnen der Ölfilm der Matjes zu tranig, spülen Sie den Fisch kurz ab, tupfen ihn mit Küchenkrepp trocken und begießen ihn mit frischem Öl.

Hauptgericht 57

GRÜNE BOHNEN

Für 6 Personen

1 kg grüne Buschbohnen (Haricots verts)

Salz

2 EL Butter

Vorbereitung 1 Tag vorher möglich
1. Die Bohnen putzen, aber nicht waschen. In sechs Portionen teilen, diese jeweils mit Küchengarn zusammenbinden und bis zum nächsten Tag in den Kühlschrank legen.

Vor dem Servieren
2. Etwa 20 Minuten vor dem Servieren etwas Wasser mit Salz zum Kochen bringen. Die Bohnen kurz waschen, in das kochende Wasser legen und etwa 12 Minuten garen. Herausnehmen und in einem Sieb abtropfen lassen.
3. Die Bohnen auf eine Platte legen und das Küchengarn entfernen. Die Butter in Flöckchen auf die Bohnen setzen und schmelzen lassen. Die Bohnen zu den Matjes servieren.

Variation
Auch **Brokkoli** passen sehr gut zu den Matjes. Die gewaschenen Brokkoliröschen werden wie die Bohnen gegart. Besonders köstlich schmecken sie, wenn man zusätzlich 100 g geröstete Mandelblättchen mit dem Gemüse mischt.

NEUE KARTOFFELN

Für 6 Personen

1 kg kleine neue festkochende Kartoffeln

Salz

1 Bund glatte Petersilie

2 EL Butter

Besonderes Küchengerät:
1 große Pfanne

Zubereitung 3 Stunden vor dem Servieren
1. Die Kartoffeln gut waschen, mit Wasser und etwas Salz aufsetzen und in etwa 20 Minuten gar kochen. Noch warm schälen. Die Petersilie waschen und fein hacken.

Vor dem Servieren
2. Etwa 20 Minuten vor dem Servieren die Butter in einer großen Pfanne erhitzen, die Kartoffeln dazugeben und bei geringster Hitzezufuhr zugedeckt etwa ¼ Stunde wärmen. In eine Schüssel füllen, mit der gehackten Petersilie und etwas Salz bestreuen und zu den Matjes servieren.

GURKENSORBET
Das Sorbet (Seite 157) 1 Tag vorher zubereiten. 5 Minuten vor dem Servieren noch einmal aufschlagen und auf kleine Glastellerchen spritzen.

ÜBERKRUSTETE SOMMERFRÜCHTE

Für 6 Personen

1 kg Sauerkirschen, Süßkirschen, Himbeeren und Erdbeeren

2 EL Zucker

für die Gratinmasse:

75 g Butter

75 g Zucker

2 EL heller Zuckerrohrsirup

3 EL süße Sahne

50 g Haferflocken

150 g Mandelblättchen

75 g Mehl

1 Prise Salz

Besonderes Küchengerät: flache Auflaufform 1½ l Inhalt

Vorbereitung 1 Tag vorher möglich

1. Das Obst waschen, putzen und die Stücke in eine flache Auflaufform geben, mit dem Zucker bestreuen.
2. Für die Gratinmasse die Butter in einem kleinen Topf erhitzen. Den Zucker, den Zuckerrohrsirup, die Sahne, die Haferflocken und die Mandelblättchen dazugeben und alles mischen. Zum Schluß das Mehl und das Salz darunterrühren.
3. Die Masse über das Obst geben und glattstreichen, so daß es ganz bedeckt ist. Alles kühl stellen.

Vor dem Servieren

4. Etwa 40 Minuten vor dem Servieren den Backofen auf 200°C vorheizen. Das Gratin darin etwa ½ Stunde backen. Anschließend herausnehmen und etwa 10 Minuten abkühlen lassen, erst dann wird die Mandeldecke knusprig.
5. Das Gratin in der Form mit Vanillesauce (Variation Seite 33) oder flüssiger Sahne servieren.

Variationen

Sie können dieses Dessert, das sich sehr gut vorbereiten läßt, ebensogut mit anderem Obst, wie **roten Johannisbeeren, Brombeeren, Rhabarber, Pflaumen** oder **Aprikosen** variieren.

Auch **überkrustete Sommeräpfel** lassen sich sehr gut vorbereiten: Dazu die Äpfel halbieren, schälen und entkernen. Mit der Rundung nach oben in die Auflaufform legen und die Gratinmasse darüber verteilen. Die Äpfel sind unter der Masse beinahe luftdicht abgeschlossen und werden daher, auch wenn sie länger stehen, nicht braun.

Das Menü im Juli
In den Ferien hat man Zeit, durch Wiesen und Wälder zu streifen. All das, was die Natur im Juli hervorbringt, läßt sich zu herrlichen Stilleben verwandeln

FERIEN-ERINNERUNGEN

DER TISCH

Wir kommen aus den Ferien. Durch kniehohe Wiesen sind wir gelaufen, an deren Rand sahen wir das Grün der Bäume durch reifende Ebereschenbeeren aufleuchten, und der Duft des Waldes und der Wiesen hat uns sehr verzaubert.

Ein wenig von dieser Ferienstimmung versuchen wir in unserer Tischdekoration für das Juli-Menü einzufangen. Am Waldrand pflücken wir die weißen Dolden des wilden Kerbels und der wilden Mohrrübe, wir schneiden die roten Fruchtstände der Eberesche und die noch grünen Holunderbeeren und arrangieren damit in einem kleinen geflochtenen Körbchen ein unvergleichlich schönes Stilleben. Dekorative Früchte aus Marmor und frisches Obst vom Markt legen wir zusammen mit einigen Muscheln aus dem Ferienkoffer dazu. Ein weiterer Blickfang ist der durchsichtige, grasgrüne Gardinenvoile, mit dem der Tisch gedeckt ist. Dazu paßt das alte englische Steingutgeschirr sehr gut.

Zum Abschluß unseres Ferienmenüs servieren wir jedem Gast einen üppigen Dessertteller. Hier treffen sich zwei verschiedene europäische Desserttorten, die grüne Torte aus Schweden und die Johannisbeerquiche aus Belgien. Wir nehmen jeweils kleine Stücke davon und arrangieren diese auf einem großen, mit Puderzucker bestäubten Teller zusammen mit frischen Sommerbeeren und einer kandierten Rose (Seite 161).

Für dieses Menü muß am Tag vor der Einladung viel gekocht werden, besonders der Dessertteller erfordert Zeit und Geduld. Wenn Sie mehr als sechs Personen einladen, können Sie auch noch eine dritte Torte, den Schokoladentraum der Französin Florianne (Seite 114), dazu servieren. Statt der verschiedenen Gemüsebeilagen schmeckt auch ein Gratin (Seite 147) zum Heidschnuckenbraten sehr gut. Den Organisationsplan zu diesem Menü finden Sie auf der Seite 166.

Zur Vorspeise können Sie einen Weißwein aus dem schweizerischen Waadtland (St. Saphorin, Dezaley oder Aigle) reichen, zum Hauptgang paßt ein feiner Bordeaux und zum üppigen Dessertteller ein italienischer Asti spumante.

DAS MENÜ

Für unsere Gäste kochen wir diesmal ein Menü, dessen wichtigste Zutaten wir aus den Ferien mitgebracht haben. Die klare Tomatensuppe, verfeinert mit Liebstöckelblättchen und Shrimps, erhält ihr Aroma durch sonnengereifte Tomaten.

Gut vorbereiten lassen sich die im Dill gebeizten, fangfrischen Forellen aus der Heide, die mit einer Meerrettichsahne als zweite Vorspeise gereicht werden.

Im Zwischengang, dem Sorbet aus einer Essenz von Holunderblüten, haben wir die Leichtigkeit und den Duft des Sommers eingefangen.

Eine schöne Ferienerinnerung ist der Heidschnuckenbraten. Das nach Wild schmeckende Fleisch der Heidschnuckenlämmer stammt aus der Lüneburger Heide. Genauso gut können Sie natürlich auch einen Lammbraten verwenden. Dazu gibt es zwei unserer liebsten Gemüsesorten: dicke Bohnen, die mit Crème fraîche, Basilikum und Pfefferminzblättern gewürzt werden, und junge Gurken. Es handelt sich bei den Gurken nicht um die großen, schlanken, die überall zu finden sind, sondern um kleine, frische Einmachgürkchen, die in Butter gegart werden.

VARIATION

Fischmousse mit Basilikumsauce
(Variationen Seite 32 und 33)

*

Klare Bouillon (Seite 34) mit Kerbel

*

Lammkarree (Seite 68) mit Grilltomaten (Seite 89)
auf Gurkencoulis (Variation Seite 76),
Gratin Dauphinois (Seite 147)

*

Johannisbeerquiche mit flüssiger Sahne (Seite 69)

Menü

Klare Tomatensuppe mit Shrimps
und Liebstöckelblättchen

Gebeizte Forellenfilets mit Meerrettichsahne

Sorbet aus Holunderblüten

Heidschnuckenkarree
Dicke Bohnen
Junge Gurken

Dessertteller: Grüne Torte
Johannisbeerquiche

KLARE TOMATENSUPPE MIT SHRIMPS UND LIEBSTÖCKELBLÄTTCHEN

Für 6 Personen

für die Suppe:

½ Stange Lauch

1 EL Butter

2–3 Sand- und Markknochen

1 Knoblauchzehe

½ kg Fleischtomaten

1 Eiweiß zum Klären

Salz

Pfeffer aus der Mühle

Zucker

eventuell etwas Knoblauch

Zubereitung 1 Tag vorher möglich

1. Den Lauch putzen, waschen und grob würfeln. In einem großen Topf die Butter erhitzen und die Knochen mit dem Lauch und der geschälten Knoblauchzehe von allen Seiten anbraten.
2. Die Tomaten waschen, einmal aufschneiden und zu den Knochen geben. Mit 2 l Wasser auffüllen.
3. Die Suppe etwa 2 Stunden bei geringer Hitzezufuhr leicht köcheln lassen (den Topf nicht zudecken). Anschließend vom Herd nehmen und durch ein feines Sieb gießen. Die Suppe abkühlen lassen und anschließend kühl stellen.

3 Stunden vor dem Servieren

4. Die Suppe, wie auf Seite 111 (Früchte des Meeres in klarer Bouillon, Schritt 4) beschrieben, klären.
5. Sie dann mit Salz, Pfeffer, Zucker und eventuell noch etwas durchgepreßtem Knoblauch abschmecken.

Vor dem Servieren

6. Die Suppe wärmen. In jede Suppentasse drei Shrimps und einige Liebstöckelblätter legen. Die Suppe vorsichtig darübergießen.

für die Einlage:

18 Shrimps

Liebstöckelblättchen

Variation
Sie können die Suppe auch **kalt servieren** und mit jeweils einer Kapuzinerkresseblüte dekorieren.

GEBEIZTE FORELLENFILETS MIT MEERRETTICHSAHNE

Für 6 Personen

für die Forellenfilets:

6 frische Forellenfilets mit Haut (à 150 g)

8 weiße Pfefferkörner

50 g Salz

35 g Zucker

2–3 Bund Dill

für die Meerrettichsahne:

125 g süße Sahne

½ säuerlicher Apfel

125 g geriebener Meerrettich (aus dem Glas)

etwas Zitronensaft

Variationen
Sie können auf diese Weise **Felchen**, **Lachs** oder **Makrelen** beizen. Der Fisch muß allerdings immer ganz frisch sein. Zum gebeizten Fisch paßt auch Siebensauce (Seite 99) oder **Trauben-Meerrettich-Sahne** gut. Dafür geben Sie statt des Apfels kleine kernlose Trauben unter die Sahne-Meerrettich-Mischung. Für eine **Dill-** oder **Estragon-Meerrettich-Sahne** einen Bund Dill oder Estragon sehr fein hacken und unter den Sahnemeerrettich mischen.

Zubereitung 3 Tage vorher notwendig

1. Aus den Forellenfilets mit einer Pinzette die groben Gräten entfernen, die kleinen Gräten werden durch das Beizen weich.
2. Die Filets kurz unter fließendem kalten Wasser abspülen, mit Küchenkrepp trockentupfen, anschließend in ein Küchentuch einschlagen und vollständig abtrocknen.
3. Für die Beize die Pfefferkörner grob zerstoßen und mit dem Salz und dem Zucker mischen. Den Dill waschen, trockentupfen und mit den Stielen grob schneiden.
4. Eine Platte oder einen tiefen Teller zuerst mit einem Drittel des Dills ausstreuen. Drei Filets auf der Hautseite mit einem Viertel der Salzmischung einreiben, die Filets dann mit der Hautseite nach unten auf den Dill legen, Kopf und Schwanzende dabei gegeneinander richten, damit keine großen Lücken entstehen. Mit einem weiteren Viertel der Salzmischung und einem Drittel des Dills bestreuen. Die restlichen Filets auf der Fleischseite mit einem weiteren Viertel der Salzmischung einreiben und die Filets mit der Fleischseite nach unten, wieder Kopf und Schwanzende gegeneinander gerichtet, darüberlegen. Mit der restlichen Salzmischung und dem Dill bestreuen.
5. Die Fischfilets mit einem Brett beschweren und für 3 Tage kühl stellen.

3 Stunden vor dem Servieren

6. Von den Filets die Gewürze und den Dill vorsichtig abschaben und harte Gräten, die Sie beim Abtasten mit den Fingern vielleicht noch finden, sorgfältig entfernen.
7. Mit einem dünnen, langen Filetiermesser die Filets schräg in dünnen Scheiben von der Haut abschneiden und sie auf Teller legen.
8. Für die Meerrettichsahne die Sahne steif schlagen. Den Apfel fein reiben und mit dem Meerrettich unter die Sahne mischen. Mit etwas Zitronensaft abschmecken.
9. Jeden Teller mit 2 Eßlöffeln Meerrettichsahne verzieren und die Vorspeise bis zum Servieren kalt stellen.

Sorbet aus Holunderblüten
Bereiten Sie das Sorbet 1 Tag vorher nach dem Rezept Seite 156 zu. Vor dem Servieren wird es nochmals kurz aufgeschlagen und in Gläser gespritzt.

Drei Forellenfilets mit der Hautseite auf den Dill legen, die Filets gegengleich anordnen

Die restlichen Forellenfilets mit der Hautseite nach oben darauflegen

Die Filets in dünnen Scheiben von der Haut abschneiden

Vorspeise

DICKE BOHNEN

Für 6 Personen

2½ kg dicke Bohnen in der Schote

Salz

1 Bund Basilikum

½ Bund Pfefferminze

125 g Crème fraîche

Pfeffer aus der Mühle

Vorbereitung 1 Tag vorher möglich
1. Die Bohnen aus den Schoten lösen, verlesen und waschen.

2 Stunden vor dem Servieren
2. Die Bohnen in reichlich kochendes Salzwasser geben und in 15 bis 20 Minuten gar kochen. Anschließend abseihen.
3. Die Basilikum- und die Pfefferminzblätter von den Stielen zupfen, waschen und fein hacken. Mit der Crème fraîche unter die Bohnen mischen und alles mit Salz und Pfeffer abschmecken.

Vor dem Servieren
4. Die Bohnen vorsichtig erwärmen und zum Heidschnuckenkarree reichen.

JUNGE GURKEN

Für 6 Personen

1 kg junge frische Cornichongurken zum Einmachen oder Schmorgurken

3 EL Butter

Salz

Pfeffer aus der Mühle

etwas Zucker

3 Stunden vor dem Servieren
1. Die Gurken schälen und jeweils ein Stückchen probieren, damit keine bitteren Gurken verwendet werden. Die Schmorgurken in Stücke schneiden.
2. Die Butter erhitzen und die Gurken bei geschlossenem Topf und geringer Hitzezufuhr 10 bis 15 Minuten darin dünsten. Mit Salz, Pfeffer und etwas Zucker mild abschmecken.

Vor dem Servieren
3. Die Gurken vorsichtig wärmen und zum Heidschnuckenkarree reichen.

Hauptgericht 67

HEIDSCHNUCKENKARREE

(Lammkarree)

Für 6 bis 8 Personen

2 Scheiben Toastbrot

2–3 EL Butter

1 Knoblauchzehe

1 Bund Petersilie

Salz

Pfeffer aus der Mühle

2 kg Heidschnuckenkarree oder Lammkaree

etwas Olivenöl

Besonderes Küchengerät:
1 großer Bräter

Vorbereitung 1 Tag vorher möglich
1. Für die Brotkruste das Toastbrot fein zerkrümeln. Die Butter erhitzen und die Knoblauchzehe durch die Presse in die Butter drücken.
2. Die Petersilie waschen, trockentupfen und sehr fein hacken, mit der Butter und den Brotkrümeln mischen. Das Ganze mit Salz und Pfeffer würzen und in ein gut schließendes Gefäß füllen.
3. Vom Karree mit einem scharfen Messer die obere Fettschicht entfernen, ohne das Fleisch zu beschädigen. Auch die Seitenstücke vom Fett befreien und unter die Rippenbögen klappen.
4. Das Fleisch in den Bräter legen und mit etwas Olivenöl begießen.

Vor dem Servieren
5. Etwa 1 Stunde vor dem Servieren den Backofen auf 250 °C vorheizen. Den Bräter mit dem Fleisch hineinschieben, den Ofen auf 200 °C herunterschalten und das Karree etwa 20 Minuten braten. Aus dem Ofen nehmen, mit der Brotbröselmischung bedecken und etwa ¼ Stunde weiterbraten. Den Braten bis zum Servieren im ausgeschalteten Ofen ruhen lassen. Das Fleisch gart nicht mehr, sondern bleibt nur warm.
6. Mit einem scharfen Messer das Fleisch auf beiden Seiten des Rückgrats vom Knochen lösen. Die Filets im Faserverlauf, das heißt parallel zum Rückgrat, in dünne Scheiben schneiden und auf einer Platte anrichten. Zusammen mit den Gurken und den dicken Bohnen servieren.

JOHANNISBEERQUICHE

Für 1 Torte

für den Teig:

150 g Mehl

30 g Puderzucker

1 Prise Salz

100 g Butter

1 Eigelb

etwas Butter zum Ausfetten

für die Creme:

2 Eier

200 ml Milch

200 g süße Sahne

200 g gefrorene Johannisbeeren

Vorbereitung 2 Tage vorher möglich
1. Für den Teig Mehl, Puderzucker, Salz, Butter und Eigelb mit den Händen rasch zusammenkneten und den Teig mindestens 1 Stunde kühl stellen.
2. Den Backofen auf 200°C vorheizen. Die Springform gut ausfetten.
3. Den Teig dünn ausrollen, die Springform damit auslegen, der Teig soll am Rand 1½ cm hoch sein. Den Teig etwa 10 Minuten vorbacken und auskühlen lassen.

1 Tag vorher möglich
4. Den Backofen auf 200°C vorheizen. Für die Creme die Eier mit der Milch und der Sahne gut verrühren, ohne die Masse zu schlagen. Die gefrorenen Johannisbeeren dazugeben.
5. Die Creme vorsichtig auf den vorgebackenen Boden gießen, so daß die Flüssigkeit nicht über den Teigrand fließt.
6. Die Quiche 20 bis 25 Minuten backen, im Kühlschrank auskühlen lassen, dabei wird die Creme fest.
7. Für den Belag das Johannisbeergelee unter Rühren erwärmen und flüssig werden lassen.
8. Das Gelee gleichmäßig über die Quiche verteilen und diese wieder kühl stellen.

3 Stunden vor dem Servieren
9. Von der Quiche sechs kleine Stückchen abschneiden und auf die mit Puderzucker bestreuten Dessertteller setzen. Diese mit Himbeeren und Himbeerblättern garnieren.

für den Belag:

450 g Johannisbeergelee (Seite 160)

außerdem:

Puderzucker

einige Himbeeren und Himbeerblätter zum Garnieren

Besonderes Küchengerät:
1 Springform (20 cm ⌀)

Tip
Es ist besser, gefrorene Beeren mitzubacken, da frische sofort Wasser ziehen und die Creme verflüssigen.

Variation
Servieren Sie nur die Johannisbeerquiche mit etwas flüssiger Sahne extra dazu.

Ferienerinnerungen/Juli

GRÜNE TORTE

Zubereitung 1 Tag vorher möglich

1. Für den Biskuitteig den Boden einer Springform mit Backtrennpapier auslegen. Den Rand einfetten und mit Mehl bestäuben. Den Backofen auf 180 °C vorheizen.
2. Die Eigelbe, das Ei und den Zucker etwa 5 Minuten verquirlen, bis die Masse hell und cremig ist.
3. Die Eiweiße mit der Prise Salz sehr steif schlagen.
4. Die Speisestärke und das Mehl über die Eigelbmasse sieben und mit einem Schneebesen gut darunterrmischen. Den Eischnee vorsichtig darunterheben.
5. Die Biskuitmasse in die Backform füllen und etwa ½ Stunde backen. Ist das Biskuit bei Holzstäbchenprobe noch feucht, dann noch 5 bis 10 Minuten weiterbacken.
6. Das Biskuit im Ofen etwas auskühlen lassen. Aus der Form lösen, auf einen Teller stürzen und das Backtrennpapier abziehen.
7. Für die Vanillecreme die Sahne steif schlagen und die Gelatine etwa 10 Minuten in wenig kaltem Wasser quellen lassen.
8. Die Eigelbe, die Sahnemilch und das Mark der Vanilleschote in einem Simmertopf oder über einem Wasserbad erwärmen, dabei so lange mit einem Schneebesen schlagen, bis eine cremige Sauce entsteht. Die ausgedrückte Gelatine in die heiße Sauce rühren und sie darin auflösen. Die Sauce abkühlen lassen. Die steifgeschlagene Sahne unter die abgekühlte Sauce heben. Die Creme im Kühlschrank fest werden lassen.
9. Das Biskuit zweimal quer durchschneiden. Die untere und die mittlere Schicht mit jeweils der Hälfte der Creme bestreichen. Auch die Ränder hauchdünn mit Creme bestreichen. Die obere Schicht darauf setzen.
10. Das Marzipan auf einer Klarsichtfolie etwas rollen. Eine zweite Klarsichtfolie darüberlegen und das Marzipan möglichst hauchdünn auf einen Kreis von 30 cm Durchmesser ausrollen.
11. Die Marzipanplatte auf die Torte legen und die Torte damit verkleiden.

3 Stunden vor dem Servieren

12. Von der Torte sechs dünne Stücke schneiden und zu den Quichestücken auf die Dessertteller setzen. Eventuell mit einigen Beeren garnieren.

Für 1 Torte

etwas Butter zum Ausfetten

etwas Mehl zum Ausstreuen

für den Teig:

3 Eigelb

1 Ei

150 g feiner Zucker

3 Eiweiß

1 Prise Salz

15 g Speisestärke

60 g Mehl

für die Creme:

150 g süße Sahne

2 Blatt Gelatine

2 Eigelb

200 ml Sahnemilch (½ Sahne, ½ Milch)

1 Vanilleschote

für den Überzug:

150 g grünes Marzipan

Besonderes Küchengerät:
1 Springform (20 cm ∅)

Variationen
Die Torte ist, mit etwas Puderzucker bestäubt und mit einer kandierten Rose (Seite 161) dekoriert, auf jedem Nachtisch- oder Tortenbuffet sehr schön anzusehen.
Sie schmeckt auch sehr gut, wenn man frische, besonders zart schmeckende Sommerbeeren in die Vanillecremefüllung legt, zum Beispiel Waldheidelbeeren, Walderdbeeren oder Himbeeren. Als Füllung können Sie statt der Vanillecreme auch 300 g Schlagsahne nehmen.

Dessert

Das Menü im August
Gar nicht aufwendig in der Beschaffung, aber effektvoll ist das Zusammenspiel von Blütendolden des Dills, von Sonnenblumen, Glasvasen und Lackfolie

SOMMERLICHE BLÜTENDÜFTE

DER TISCH

Die wunderschöne zarte, durchsichtige Tischdekoration besteht aus den blühenden Dolden des Küchenkrauts Dill. Blumenblüten sind Bestandteile der Speisen, den Salat schmücken zum Beispiel gelbe und rote Kapuzinerkresseblüten, und in die Wassergläser werden Rosenblätter gestreut.

Dies scheint auf den ersten Blick widersinnig, doch viele Blüten, nicht nur die bekannten Kapern, können unsere Speisen bereichern. Borretsch-, Salbei-, Pfefferminz-, Majoran- oder Lavendelblüten haben denselben intensiven Geschmack der Blätter, verbreiten zusätzlich noch einen feinen Duft und sind darüber hinaus schön anzusehen. Die Chinesen wissen dies schon seit vielen Jahrhunderten und aromatisieren Teemischungen mit Blüten, zum Beispiel dem Jasmin. Auch Zucker nimmt den Duft gut auf. Orangen-, Veilchen-, Holunder- oder Lindenblüten geben mit Hilfe des Zuckers Sorbets, süßen Speisen, Sahne und Gebäck ihr spezielles Aroma.

Aber zurück zu unserem Tisch! Das englische Steingutgeschirr greift die Idee der Dekoration auf, denn auf dem Tellerrand sind blühende Kräuter und Heckenrosenblüten vereint. Die hellgrüne Lackfolie reflektiert das Licht, das sich im Wasser der bauchigen Glasvasen spiegelt. Die Dilldolden verströmen ihren charakteristischen herben Duft und zaubern zusammen mit den Sonnenblumenblüten eine besondere Atmosphäre.

DAS MENÜ

Die Vorspeise, eine Gurkensuppe, ist ein leichtes Sommergericht, das sowohl warm als auch kalt serviert werden kann. Sie wird teils aus geschmorten, teils aus rohen Gurken zubereitet und mit Sahne aufgegossen, sie hat eine samtige Konsistenz und den charakteristischen frischen Gurkengeschmack. Die ausgezupften Blütenblätter der Ringelblume, mit denen sie dekoriert wird, sind hübsche Farbtupfer.

Für den zweiten Gang, die edle Goldbrasse, können wir uns keine bessere, aber auch keine einfachere Zubereitung als „en papillote" vorstellen! Dazu wird jeweils eine Portion mit frischen blühenden Kräutern, Tomatenwürfelchen und Crème fraîche in Alufolie eingepackt und im Ofen gegart. Jeder Gast öffnet sein Päckchen selbst und wird vom aufsteigenden Duft der Speise verwöhnt! Für dieses Gericht decken Sie Gabel und Löffel, damit die köstliche Sauce mitgegessen werden kann. Anschließend erfrischt ein Sorbet aus sonnenreifen Fleischtomaten, durch eine Basilikumblüte gewürzt, den Gaumen.

Ein schönes sommerliches Hauptgericht ist das Kalbskarree, das mit frischen Majoranblüten und -blättern gefüllt und in einer süß-säuerlichen Johannisbeer-Sahne-Sauce geschmort wird. Dazu reichen wir sautierte Kartoffeln mit Roquefort.

Eine besondere Augenweide ist der Zwischengang, ein Brunnenkressesalat mit roten und gelben Kapuzinerkresseblüten.

Als Abschluß ein Dessert aus unseren Kindertagen: eisgekühlte Fruchtkissels, das sind angedickte Fruchtsuppen aus Aprikosen, Waldheidelbeeren, roten Johannisbeeren und Sauerkirschen. Bei Tisch wird von jedem Kissel ein guter Saucenlöffel voll in einen tiefen Teller gegeben, und zwar so, daß sich die Suppen nicht mischen. Etwas flüssige Sahne reichen Sie extra dazu. Das Dessert wird von Blätterteigstangen, die mit Orangenblütenzucker und Mandeln bestreut sind, begleitet.

Dieses wunderschöne, leichte Sommerdiner läßt sich gut an drei Tagen vorbereiten. Keine Zubereitung ist kompliziert, alle Zutaten sind, bis auf den edlen Fisch, preiswert. Wem dieser zu teuer ist, kann in Dill und Salz gebeizte Forellenfilets (Seite 65) reichen.

Den Organisationsplan zu diesem Menü finden Sie auf der Seite 167.

Zu diesem Menü empfehlen wir italienische Weine: zu den Vorspeisen einen säurearmen Pinot Grigio, zum Hauptgang, sofern Sie Rotwein reichen wollen, einen Barolo aus dem Piemont.

VARIATION

Klare kalte Tomatensuppe mit einer Kapuzinerkressenblüte
(Variation Seite 64)

∗

Mousse vom Lachs und Buttersauce (Seite 21 und 22)

∗

Holunderblütensorbet (Seite 156)

∗

Pollo tonnato (Variation Seite 54) mit Kapernfrüchten

∗

Blattsalate mit gezupften Schnittlauchblüten
und Vinaigrette (Variation Seite 81)

∗

Weiße und dunkle Mousse au chocolat (Seite 139)
mit Himbeercoulis (Variation Seite 105),
frischen Himbeeren und
kandierten Veilchen (Seite 161)

Menü

❦

Gurkensuppe

Dorade en papillote

Tomatensorbet

*Kalbskarree gefüllt mit Majoran
in Johannisbeersauce
Neue Kartoffeln in Butter sautiert
mit Roquefort*

Brunnenkressesalat mit Kapuzinerkresseblüten

*Viererlei Kissels
Mandelfeuilletés*

GURKENSUPPE

Für 6 Personen

für die Suppe:

1,2 kg Salatgurken

1½ EL Butter

½ l Rinder- oder Kalbsfond (aus dem Glas)

125 g süße Sahne

70 g Crème fraîche

1 Knoblauchzehe

Salz

Pfeffer aus der Mühle

zum Garnieren:

6 Ringelblumenblüten (Calendula)

Zubereitung 1 Tag vorher möglich

1. Die Gurken schälen, halbieren, entkernen und die Hälften in kleine Stückchen schneiden.
2. Die Butter erhitzen und die Hälfte der Gurkenstückchen darin in ¼ Stunde bei geringer Hitzezufuhr und bei geschlossenem Topf weich schmoren. Den Fond angießen, erhitzen und bei starker Hitze etwas einkochen lassen.
3. Den Fond mit den Gurkenstücken im elektrischen Mixer pürieren. Die restlichen, rohen Gurkenstückchen dazugeben und die Suppe noch einmal pürieren.
4. Die Sahne und die Crème fraîche dazugießen und unter die Suppe rühren. Von der Knoblauchzehe etwas Saft in die Suppe pressen und diese mit Salz und Pfeffer abschmecken.

Vor dem Servieren

5. Die Suppe wärmen und in sechs Teller füllen. Die Blütenblätter der Ringelblumen abzupfen und über die Suppe streuen.

Variationen

Die Gurkensuppe schmeckt auch kalt sehr gut.
Eine köstliche Sauce, die gut zu Fisch oder Kasseler paßt, ist die **Gurkencoulis**. Dazu zwei Schlangengurken waschen, halbieren, entkernen und in Stückchen schneiden. Diese in kochendem Salzwasser 3 Minuten garen. Herausnehmen und erst unmittelbar vor dem Servieren zusammen mit dem Saft einer Zitrone und 4 Eßlöffeln frischen Dillspitzen pürieren. Mit Salz, Pfeffer und Zucker abschmecken.

DORADE EN PAPILLOTE

Für 6 Personen

3 Goldbrassen (Doraden) filetiert und enthäutet (1 Filet à 200 g)

Salz

Pfeffer aus der Mühle

3 mittelgroße Fleischtomaten

1 kg frischer Spinat

180 g Crème fraîche

je 12 Basilikumblätter und -blüten

100 g Butter

3 Stunden vor dem Servieren

1. Die Fischfilets salzen und pfeffern. Die Fleischtomaten mit kochendem Wasser überbrühen, enthäuten, vierteln und entkernen. Anschließend das Tomatenfleisch in kleine Würfel schneiden. Die Spinatblätter gründlich waschen, die Stiele entfernen und die Blätter trockenschleudern. Aus dicker Alufolie sechs große quadratische Stücke schneiden.

2. Auf die glänzende Seite jeweils eine Handvoll Spinat geben. Jeweils ein Fischfilet in die Mitte legen und mit je 2 Eßlöffeln Crème fraîche überziehen. Jeweils zwei Basilikumblätter und -blüten darauf legen. Die Tomatenwürfel um die Fischfilets verteilen und diese mit je einer Handvoll Spinat abdecken.

3. Die Butter in Flöckchen auf den Spinat setzen. Die Alufolie zusammenfalten und gut verschließen.

Vor dem Servieren

4. Etwa ½ Stunde vor dem Servieren den Backofen auf 250°C vorheizen. Die Alufolienpäckchen in die Fettpfanne legen und die Fischfilets etwa 20 Minuten im Backofen garen.

5. Die Päckchen auf Vorspeiseteller legen und das Ganze sofort servieren.

Tip

Nehmen Sie die glänzende Seite der Folie nach innen. Die matte Seite reflektiert die Wärmestrahlen nicht so gut.

Variationen

Servieren Sie das Gericht als Hauptgang.
Auch Filets anderer Fische, wie **Lachs, Merlan, Steinbutt, Seezunge** oder **Forelle**, können Sie auf diese Art zubereiten. Anstelle des Spinats passen dazu ebenfalls **Sauerampfer** oder **Pilze**, gewürzt mit frischer **Minze** oder **Estragon**.

TOMATENSORBET

Das Sorbet nach Rezept Seite 157 einen Tag vor der Einladung zubereiten. 5 Minuten vor dem Servieren aufschlagen und in Gläser spritzen.

Vorspeise

KALBSKARREE GEFÜLLT MIT MAJORAN IN JOHANNISBEERSAUCE

Für 6 Personen

1 kg ausgelöster Kalbsrücken

20 Majoranzweige mit Blüten und Blättern

1 Knoblauchzehe

25 g geklärte Butter (Seite 12)

200 ml ungesüßter Johannisbeersaft (Seite 159)

Salz

Pfeffer aus der Mühle

100 ml Weißwein

125 g süße Sahne

75 g Butter, eisgekühlt

1 Tasse frische Johannisbeeren

Besondere Küchengeräte:
1 großer Bräter oder
1 Sauteuse

Vorbereitung 1 Tag vorher möglich
1. Für die Füllung mit einem Wetzstahl oder Kochlöffelstiel längs durch die Mitte des Fleisches stoßen.
2. Die Majoranblüten und -blätter von den Stielen zupfen. Einige Stiele beiseite legen. Die Blüten und Blätter mit Hilfe eines Holzlöffelstiels von beiden Seiten in das Fleisch schieben.
3. Das Fleisch mit Küchengarn regelmäßig abbinden. Die Knoblauchzehe schälen und halbieren. Damit das Fleisch von allen Seiten einreiben.

3 Stunden vor dem Servieren
4. In einem Bräter oder einer Sauteuse die geklärte Butter erhitzen und das Fleisch darin von allen Seiten anbraten. Den Backofen auf 180°C vorheizen.
5. Das Fleisch aus dem Bräter oder der Sauteuse nehmen, salzen und pfeffern. Das Fett aus dem Bräter abgießen und den Bratensatz mit dem Wein loskochen. Den Johannisbeersaft und die Majoranstiele dazugeben. Alles aufkochen lassen, die Sahne hinzufügen, die Hitzezufuhr etwas reduzieren und die gesamte Flüssigkeit sämig einkochen lassen.
6. Das Fleisch in die Sauce setzen. Den Bräter oder die Sauteuse mit einem Deckel oder einem Stück Alufolie gut verschließen. In den Backofen schieben und das Fleisch ½ Stunde garen, anschließend in der Sauce auskühlen lassen.
7. Das Fleisch herausnehmen, in Alufolie gut einpacken und beiseite stellen. Die Majoranstiele aus der Sauce nehmen. Die Sauce in einen kleinen Kochtopf geben und 5 Minuten bei großer Hitzezufuhr einkochen lassen.

Vor dem Servieren
8. Etwa 20 Minuten vor dem Servieren den Backofen auf 200°C vorheizen, dann das eingewickelte Fleisch darin 15 Minuten wärmen.
9. Die Sauce erhitzen und die eiskalte Butter in Flöckchen mit dem Pürierstab unter die Sauce schlagen. Alles mit Salz und Pfeffer abschmecken. Die Johannisbeeren daruntermischen.
10. Das Fleisch aus der Folie nehmen, in ½ cm dicke Scheiben schneiden, auf einer Platte anrichten und mit der Sauce umgießen.
Das Kalbskarree zusammen mit den in Butter und Roquefort sautierten Kartoffeln servieren.

Variationen
Sie können das Fleisch auch mit der doppelten Menge Kräuter füllen, dann sollten Sie es aber längs von beiden Seiten so tief einschneiden, daß es sich wie eine Ziehharmonika auseinanderfalten läßt. An den Faltstellen etwas flachklopfen. Die Kräuter auf das Fleisch geben und dieses aufrollen. Anschließend regelmäßig abbinden.
Im **Winter** können Sie auch Schweinskarree mit 100 g entsteinten **Backpflaumen** füllen. Für die Sauce nehmen Sie anstelle des Johannisbeersaftes Weißwein und 2 Eßlöffel rotes Johannisbeergelee.

Hauptgericht 79

NEUE KARTOFFELN IN BUTTER SAUTIERT MIT ROQUEFORT

Für 6 Personen

1 kg sehr kleine neue Kartoffeln

50 g geklärte Butter (Seite 12)

Salz

50 g Roquefort

1 Knoblauchzehe

Vorbereitung 1 Tag vorher möglich

1. Die Kartoffeln sehr gut waschen, nicht schälen. Dann mit Küchenkrepp gut trockentupfen.

Vor dem Servieren

2. In einem gußeisernen Topf oder einer Pfanne mit schwerem Boden etwa 40 Minuten vor dem Servieren die geklärte Butter erhitzen und die Kartoffeln hineingeben.
3. Die Pfanne oder den Topf schwenken, so daß jede Kartoffel mit Butter überzogen wird. Alles mit Salz bestreuen und den Topf zudecken. Die Kartoffeln bei geringer Hitzezufuhr garen. Ab und zu den Topf oder die Pfanne schütteln oder die Kartoffeln vorsichtig mit einem Holzlöffel umdrehen, damit sie nicht am Boden anhängen.
4. Die Kartoffeln mit einem Schaumlöffel in eine Schüssel legen. Den Roquefort etwas zerdrücken und unter die im Topf verbliebene Butter rühren. Die geschälte Knoblauchzehe dazupressen.
5. Die Roquefortbutter mit den Kartoffeln mischen und zum Kalbskarree servieren.

Variation

Anstelle des Roqueforts können auch Kräuter verwendet werden.
Sie können die Kartoffeln auch einfach nur in Butter sautieren.

BRUNNENKRESSESALAT MIT KAPUZINERKRESSEBLÜTEN

Für 6 Personen

für den Salat:

2 Bund Brunnenkresse

für die Vinaigrette:

1 EL Estragonessig

1 TL Senf

3 EL Sonnenblumenöl

Salz

Zucker

Pfeffer aus der Mühle

Zubereitung 1 Tag vorher möglich
1. Die Brunnenkresse gut waschen und dann trockenschleudern.
2. Die Blätter von den Stielen zupfen, in die Salatschüssel geben, diese mit einem feuchten Tuch abdecken und den Salat kühl stellen.
3. Für die Vinaigrette mit dem Schneebesen den Estragonessig und den Senf verrühren. Anschließend das Öl unter Rühren dazugießen. Zuletzt das Ganze mit Salz, Zucker und Pfeffer abschmecken. Die Vinaigrette kühl stellen.

Vor dem Servieren
4. Die Vinaigrette kurz aufschlagen, mit dem Salat gut mischen und alles mit den Kapuzinerkresseblüten garnieren.

für die Garnitur:

10 Kapuzinerkresseblüten

Variationen
Salat aus frischen Spinatblättern mit gezupften Ringelblumenblütenblättern (Calendula)
Feldsalat mit gezupften „Jelängerjelieber"-Blüten (Lonicera), Frühlingssalate mit gezupften Akazienblüten
Sommersalate mit gezupften Schnittlauch- und Geranienblüten

VIERERLEI KISSELS

Für 6 bis 10 Personen

für ½ l Johannisbeersaft:

500 g gereinigte Johannisbeeren

2 EL Zucker

300 ml Wasser

für ½ l Aprikosensaft:

750 g entsteinte Aprikosen

4 EL Zucker

300 ml Wasser

für ½ l Sauerkirschsaft:

750 g entsteinte Sauerkirschen

2 EL Zucker

300 ml Wasser

für ½ l Heidelbeersaft:

250 g Heidelbeeren

2 EL Zucker

300 ml Wasser

für alle vier Kissels:

60 g Kartoffelstärke

4 TL Zitronensaft

8 EL Zucker

außerdem:

500 g flüssige Sahne, eisgekühlt

Zubereitung 2 Tage vorher möglich

1. Aus den angegebenen Zutaten die Säfte nach dem Rezept Seite 159 kochen. Wenn weniger als ½ l Saft entstanden ist, mit Wasser entsprechend auffüllen.
2. Zum Andicken der einzelnen Fruchtsäfte jeweils 15 g Kartoffelstärke mit 100 ml Wasser verrühren und mit dem Schneebesen in die warmen Obstsäfte rühren. Je 1 Teelöffel Zitronensaft und 1 Eßlöffel Zucker hinzufügen. Die einzelnen Säfte unter kräftigem Schlagen ganz kurz aufkochen lassen und sofort vom Herd nehmen. Mit je 1 Eßlöffel Zucker bestreuen, damit sich an der Oberfläche keine Haut bildet. Die Fruchtsaucen kühl stellen.

Vor dem Servieren

3. 1 Löffel von jedem Kissel in je einen Suppenteller geben, und zwar so, daß sich die Fruchtsuppen nicht mischen und wie Blütenblätter angeordnet sind. Die eisgekühlte flüssige Sahne in einem Kännchen extra dazu reichen. Eventuell ein wenig Sahne auf die Teller gießen.

Variationen

Kissels sind russische Fruchtsuppen und können aus den verschiedensten **Sommerfrüchten**, zum Beispiel aus Stachelbeeren, schwarzen Johannisbeeren, Himbeeren oder Pflaumen, zubereitet werden.
Kissels können auch aus **ungekochten Säften** hergestellt werden, dazu die angerührte Kartoffelstärke aufkochen lassen und rasch unter den frischen Saft rühren. Kissels eignen sich auch als klare **Dessertsauce**.

MANDELFEUILLETES

Für 20 Stück

250 g tiefgekühlter Blätterteig (ca. 2½ Platten)

1 Ei

8 EL Orangenblüten- oder Zitronenzucker (Seite 161)

80 g Mandelblättchen

Zubereitung 3 Tage vorher möglich

1. Den Blätterteig in zwei Portionen auf Backtrennpapier 2 mm dick zu einer rechteckigen Teigplatte ausrollen. Auf eine Größe von etwa 20 mal 30 cm zurechtschneiden.
2. Jede Teigplatte mit einem scharfen Messer in 8 cm lange und 2 cm breite Streifen schneiden.
3. Das Ei verquirlen. Die Hälfte auf die Teigplatten pinseln.
4. Jede Teigplatte gleichmäßig mit 4 Eßlöffeln Orangenblüten- oder Zitronenzucker und 40 g Mandelblättchen bestreuen. Jeweils ein Stück Backtrennpapier darauf legen und mit dem Nudelholz leicht darüberrollen, so daß Zucker und Mandeln etwas festgedrückt werden.
5. Die Teigplatten mit dem Backpapier umdrehen, das Papier abheben und die Teigflächen mit dem restlichen Ei bestreichen, mit Zucker und Mandelblättchen bestreuen und beides wie bereits beschrieben fest andrücken.
6. Den Backofen auf 200°C vorheizen. Ein Blech mit Backtrennpapier auslegen.
7. Die Teigstreifen mit dem Messer abheben und zweimal spiralförmig aufdrehen. Die Streifen nicht zu nah nebeneinander auf das Blech legen.
8. Das Gebäck etwa 8 Minuten backen, bis es goldbraun ist, auf dem Blech auskühlen lassen.

Vor dem Servieren

9. Den Backofen etwa ¼ Stunde vor dem Servieren auf 160°C vorheizen und die Mandelfeuilletés 10 Minuten aufbacken.

Tip

Blätterteig schmeckt besonders gut, wenn er frisch gebakken ist. Wenn Sie es zeitlich schaffen, backen Sie ihn erst einige Stunden vorher.
Sie können die Teigspiralen auch einige Tage vorher herstellen und sie ungebacken einfrieren. Nehmen Sie sie am Einladungstag frühzeitig aus dem Gefrierfach, lassen sie auftauen und backen die Feuilletés unmittelbar vor dem Servieren.

Das Menü im September
Ein wunderschöner Barrockgarten in Miniaturausgabe ziert die sommerliche Tafel

LILLES KRESSEPARK

DER TISCH

An einem lauwarmen Septemberabend stellen wir den Tisch auf die Wiese und genießen das Menü im Freien. Wir erwarten besonders liebe Gäste, und ihnen zu Ehren haben wir den Tisch mit einem wunderschönen Barockgarten in Miniaturausgabe, mit Kresse als grüne Umgrenzungen, dekoriert. In den Rondells und Ecken stehen kleine silberne Becher, in die wir winzige, mit kleinen Blumen geschmückte Petersilien-Bäumchen „gepflanzt" haben. Auf den „Gartenwegen" und freien Flächen liegt Milchreis, der Kies andeuten soll. In der Mitte sollte ein Blickfang stehen, etwas Witziges, um das Ganze ein wenig kurios wirken zu lassen.

Grün und Weiß, die Farben des Barockgärtchens sind auch die unseres Tisches. Von dem schönen weißen Tafeltuch heben sich die grünen Platzteller gut ab.

Die Dekoration sieht aus, als wäre sie aufwendig herzustellen, aber keine Sorge, es erfordert zwar einige Zeit, ist aber nicht kompliziert. Kresse geht innerhalb von 10 Tagen auf. Die „Hecken" können ein Labyrinth oder Ornamente bilden – der Phantasie sind keine Grenzen gesetzt!

Für den Kressegarten benötigt man eine Platte aus Holz oder Styropor, die der Tischform entspricht und in einem kleineren Maßstab zugeschnitten ist. Sie darf nur so breit sein, daß die Gedecke noch gut auf den Tisch passen. Bei Holz ist darauf zu achten, daß keines verwendet wird, das sich beim Feuchtwerden verzieht.

Die Platte wird fest mit einem dicken Moltontuch bezogen. Mit einem Bleistift wird dann auf den Stoff ein einfaches Muster vorgezeichnet. Es darf nicht zu klein sein, denn die Kresse braucht Platz zum Wachsen.

Nun etwa 750 g Kressesamen für einige Stunden in wenig kaltem Wasser quellen lassen – es entsteht ein weicher, etwas glibberiger Brei. Wenn er zu fest sein sollte, noch etwas Wasser dazugeben. Die Masse in einen Spritzbeutel mit einer nicht zu breiten, glatten, langen Tülle füllen. Nun entlang der Bleistiftlinie die gezeichneten Konturen in einem doppelten Strang bespritzen und den Brei dann mit einem Messerrücken glattstreichen (ca. 2 cm dick). Übrige Kressesamen in Blumentöpfe spritzen. Die Kresse schmeckt herrlich zu Salat! In den ersten Tagen müssen die Samen regelmäßig mit Wasser aus einer Sprühflasche besprüht werden. Wenn die Luft zu trocken sein sollte, decken Sie den Kressegarten mit Frischhaltefolie ab. Das Ganze muß feucht bleiben. Sobald der Kressesamen zu keimen beginnt und die Wurzeln in das Tuch eingedrungen sind, ist er unempfindlicher. Jetzt kann man ihn mit der Gießkanne, dem Gartenschlauch oder dem Rasensprenger morgens und abends gießen. Kann die Kresse im Freien wachsen, ist der Garten nach 10 Tagen fertig. Stellen Sie ihn unbedingt in den Schatten, nicht in die pralle Sonne! Wächst die Kresse im Haus, braucht sie 2 bis 3 Tage länger. Am letzten Tag darf man den Kressegarten nicht mehr gießen, damit das Tuch nicht so naß auf den Tisch kommt. Sie sollten vorsichtshalber Alufolie oder Plastikfolie darunterlegen. Der Garten ist leider vergänglich, aber er behält seine Schönheit immerhin für 2 bis 3 Tage.

DAS MENÜ

Die Steinpilzsuppe in kleinen ofenfesten Tassen ist mit einem barock wirkenden Häubchen aus Blätterteig überbacken. Wenn die Kruste aufgeklopft wird, entströmt der intensive Pilzduft. Die Kruste schmeckt übrigens herrlich, denn sie ist von unten durch die Pilzsuppe aromatisiert. Vom Heilbutt kann man noch lange träumen. Er wird im Ofen gegart und ist von einer samtigen Sauce aus Senf, Crème fraîche und Butter überzogen. Der Fisch liegt in einem kleinen Barockgarten aus feinsten Lauchstreifen, in dessen Ecken vier kleine Kirschtomaten sitzen.

Das Zwischengericht ist ein köstliches Sorbet aus dickflüssigem Pflaumensaft.

Die Königsberger Klopse, unser Hauptgericht, sind neu komponiert. Sie werden aus Kalbfleisch zubereitet, und die Sauce enthält nur sehr wenig Mehl. Ihre samtige Konsistenz erhält sie durch etwas geräucherten Aal und Sahne. Ideal dazu sind die mehligkochenden Kartöffelchen und die Fisolen (grüne Bohnen). Die Bohnen werden in einer Öl-Wasser-Mischung gegart, die beide Komponenten zu gleichen Teilen enthält. Das Wasser verkocht vollständig, die Bohnen behalten ihr volles Aroma und glänzen.

Zum Dessert wird eine Brombeerbavaroise gereicht, die mit Zitronenmelisseblättchen und frischen Beeren garniert ist. Dazu serviert man ein Coulis aus frischen Brombeeren und zerbrechliche goldgelbe Tuiles.

Unser Septembermenü setzt sich aus Gerichten mit edlen, leider auch sehr teuren Zutaten zusammen, denn sowohl Steinpilze als auch der Heilbutt und das Kalbfleisch gehören zum Feinsten. Bis auf den Heilbutt lassen sich alle Gerichte vorher zubereiten, so daß kurz vor dem Essen nur noch wenig zu tun ist. **Den Organisationsplan zu diesem Menü finden Sie auf Seite 168.**

Zu allen Speisen dieses Menüs paßt ein halbtrockener Moselriesling-Kabinett. Wenn Sie möchten, reichen Sie zum Dessert einen trockenen deutschen Sekt.

VARIATION

Lachs en papillote (Variation Seite 77)

*

Champignonsuppe mit Blätterteighäubchen (Seite 88)

*

Schweinefilet im eigenen Fond mit Nudeln
und Salsa verde (Variation Seite 24 und Seite 23)

*

Überkrustete Pflaumen (Variation Seite 59)
mit Zimtsauce (Seite 115)

Menü

Steinpilzsuppe mit Blätterteighäubchen

Heilbutt im Garten

Pflaumensorbet

Königsberger Klopse in Aalsauce
mit Fisolen und kleine Kartoffeln

Brombeerbavaroise
mit Coulis von Brombeeren

Tuiles

STEINPILZSUPPE MIT BLÄTTERTEIGHÄUBCHEN

Für 6 Personen

für die Suppe:

500 g frische Steinpilze

125 g Schalotten

50 g Butter

100 ml Weißwein

100 ml Rinderfond (aus dem Glas)

200 g Crème fraîche

375 g süße Sahne

½ Knoblauchzehe

Salz

Pfeffer aus der Mühle

etwas Zitronensaft

glatte Petersilie

Vorbereitung 1 Tag vorher möglich

1. Für die Suppe die Pilze vorsichtig putzen, mit einem feuchten Tuch abreiben und in Scheiben schneiden. Die Schalotten fein würfeln.
2. Die Butter in einem Topf erwärmen, die Schalotten darin glasig dünsten, dann die Pilze dazugeben und etwa 10 Minuten bei geringer Hitze zugedeckt garen.
3. Weißwein, Fond, Crème fraîche und Sahne hinzufügen. Die Suppe erwärmen und mit zerdrücktem Knoblauch, Salz, Pfeffer und etwas Zitronensaft abschmecken. Sie dann abkühlen lassen. Die Petersilie fein hacken, darunterziehen und die Suppe kalt stellen.

Etwa 2 Stunden vor dem Servieren

4. Für die Teighäubchen den Blätterteig auftauen lassen. Dann die Blätterteigplatten quer halbieren, leicht ausrollen und die sechs Teigplatten so zu Kreisen zuschneiden, daß deren Durchmesser 1 cm größer ist als der der Suppentassen.
5. Die Suppentassen- sowie die Teigränder mit etwas Eiweiß bestreichen. Die kalte Suppe bis 2 Zentimeter unter den Rand in die Tasse füllen. Die Teigdeckel über die Tassenränder ziehen und gut andrücken.

Vor dem Servieren

6. Etwa 25 Minuten vor dem Servieren den Backofen auf 200°C vorheizen. Das Eigelb mit etwas Milch verquirlen und die Teigdeckel damit bepinseln.
7. Die Suppentassen in den Ofen stellen und bei 200°C 15 bis 20 Minuten überbacken, die Häubchen sollen goldbraun sein. Die Suppe aus dem Ofen servieren.

für die Teighäubchen:

3 Platten Tiefkühlblätterteig (ca. 300 g)

1 Eiweiß

1 Eigelb

etwas Milch

Variationen
Sie können für diese Suppe statt der Steinpilze auch die gleiche Menge **Champignons** oder **Austernpilze** verwenden.

Tip
Wenn man eine Suppe mit einer Blätterteighaube überbacken will, ist es wichtig, daß die Suppe kalt ist, wenn man den Teig darüberlegt. Wärme würde das Fett im Teig schmelzen, und der Teig würde zusammenfallen.

HEILBUTT IM GARTEN

Für 6 Personen

für die Senfsauce:

1 l Fischfond (aus dem Glas)

3 TL Dijonsenf

100 g Crème fraîche

Salz

etwas Zitronensaft

100 g gutgekühlte Butter in Flöckchen

für das Gemüse:

3 mittelgroße Stangen Lauch

1 EL Butter

für die Garnitur:

24 Kirschtomaten

Zucker

1 kleines Stück Butter (20 g)

für den Fisch:

3 Scheiben Heilbutt mit Mittelgräte und Haut (à ca. 300 g)

weißer Pfeffer

Vorbereitung 1 Tag vorher möglich

1. Für die Senfsauce den Fischfond auf ein Drittel einkochen lassen. Dann den Senf und die Crème fraîche mit einem Schneebesen darunterschlagen und alles bei starker Hitzezufuhr nochmals etwas einkochen lassen. Die Sauce kalt stellen.
2. Für die Garnitur nur die weißen Teile des Lauchs verwenden. Diese waschen und in sehr feine, streichholzgroße Streifen (Juliennes) schneiden.
3. Die Lauchjuliennes in Butter weich dünsten und dann ebenfalls kalt stellen.

Etwa 3 Stunden vor dem Servieren

4. Für die Garnitur die kleinen Kirschtomaten jeweils an ihrer Oberseite mit einem scharfen Messer über Kreuz einritzen.
5. Die Haut an den Einschnitten etwas ablösen und jeweils ein wenig Salz und Zucker in die Ritze streuen. Dann in jede Kerbe ein winziges Butterflöckchen drücken und die Tomaten auf einen engmaschigen Grillrost, der in den Ofen paßt, setzen.
6. Die Heilbuttscheiben nebeneinander in die Fettpfanne des Ofens legen und mit Salz und Pfeffer würzen.
7. Die Senfsauce erhitzen, mit Salz und Zitronensaft abschmecken und die kalte Butter in kleinen Portionen mit dem Pürierstab darunterschlagen.

Vor dem Servieren

8. Etwa 20 Minuten vor dem Servieren den Ofen auf 250°C vorheizen. Die Fettpfanne mit dem Fisch und unmittelbar darüber den Grillrost mit den Tomaten hineinschieben. Beides etwa ¼ Stunde garen. Inzwischen die Lauchjuliennes und die Senfsauce erhitzen.
9. Die Heilbuttscheiben von Haut und Mittelgräte befreien und jeweils eine halbe Scheibe auf einen Vorspeisenteller legen. Jede Fischportion mit Lauchjuliennes umkränzen und jeweils vier Kirschtomaten im Viereck dazu anordnen. Den Fisch mit etwas Sauce überziehen und sofort servieren.

Tip

Ebenso wie die kleinen Kirschtomaten können Sie Fleischtomaten grillen und sie als Beilage zu Fleisch oder Fisch servieren.

PFLAUMENSORBET

Reichen Sie das Pflaumensorbet als Zwischengericht. Das Rezept finden Sie auf Seite 157. Sie können das Sorbet 2 Tage im voraus zubereiten. Schlagen Sie es etwa 5 Minuten vor dem Servieren noch einmal auf, und spritzen Sie es dann in Gläser.

KÖNIGSBERGER KLOPSE IN AALSAUCE MIT FISOLEN

Für 6 Personen

für die Klopse:

3 altbackene Brötchen

etwas lauwarme Milch

3 Eigelb

750 g Kalbshackfleisch

Salz

Pfeffer aus der Mühle

nach Belieben einige Anchovisfilets

1 l Kalbs- oder Rinderfond (aus dem Glas)

für die Aalsauce:

2½ EL Butter

1½ EL Mehl

¾ l Kochbrühe von den Klopsen

2 Schalotten

2 Anchovisfilets

100 g süße Sahne

70 g geräucherter Aal

etwas Zitronensaft

kleine Kapern oder Kapernfrüchte

für die Fisolen (grüne Bohnen):

750 g Fisolen (grüne Buschbohnen)

⅛ l Öl

1½ Knoblauchzehen

Salz

1 Bund Petersilie

Zubereitung 1 Tag vorher möglich

1. Für die Klopse die Brötchen in der lauwarmen Milch einweichen. Sie danach gut ausdrücken, in eine Schüssel geben und mit einem Schneebesen die Eigelbe darunterschlagen. Es muß eine feine, homogene Masse entstehen.
2. Das Fleisch dazugeben, alles sorgfältig miteinander verkneten und mit Salz und Pfeffer würzen. Nach Belieben einige Anchovisfilets sehr fein hacken und unter den Fleischteig mischen.
3. Aus der Hackfleischmasse kleine Klopse in der Größe von Tischtennisbällen formen. Inzwischen den Kalbs- oder Rinderfond in einem großen Topf (ca. 25 cm ø) zum Kochen bringen und die Klopse darin etwa 8 Minuten ziehen, nicht kochen lassen. Die Klopse sollen innen noch rosa sein. Sie mit einem Schaumlöffel herausnehmen und beiseite stellen. Die Kochbrühe aufheben.
4. Für die Sauce 1½ Eßlöffel Butter in einem Topf schmelzen lassen, das Mehl hineinrühren und bei geringer Hitzezufuhr darin hell anschwitzen, nicht braun werden lassen!
5. Nach und nach ¾ Liter Kochbrühe von den Klopsen unter kräftigem Schlagen dazugießen. Die Sauce aufkochen und bei geringer Hitzezufuhr binden lassen.
6. Die Schalotten schälen, fein hacken und in der restlichen Butter (1 EL) glasig dünsten. Die Anchovisfilets zerdrücken oder fein hacken, dazugeben, die Sahne angießen und alles aufkochen lassen.
7. Den Aal häuten, die Gräten entfernen, das Fleisch in kleine Stücke schneiden und zu der Sahnemischung geben. Alles mit dem Pürierstab pürieren.
8. Das Püree in die sämig eingekochte Sauce rühren, sie mit Zitronensaft, Salz und Pfeffer abschmecken.
9. Die Kapern oder die Kapernfrüchte waschen, trockentupfen und zusammen mit den Klopsen in die Sauce geben. Das Gericht kalt stellen.

Etwa 3 Stunden vor dem Servieren
10. Die Bohnen putzen, kurz waschen und in etwa 3 cm lange Stücke schneiden.
11. ⅛ l Wasser mit dem Öl, den zerdrückten Knoblauchzehen und etwas Salz in einem Topf aufkochen lassen. Die Bohnen hineingeben und im geöffneten Topf bißfest garen. Das Wasser sollte verkocht sein.

Vor dem Servieren
12. Etwa ¼ Stunde vor dem Servieren die Klopse in der Sauce bei geringer Hitzezufuhr erwärmen, nicht kochen lassen. Die Bohnen ebenfalls erwärmen. Die Petersilie fein hacken, einen Teil davon unter die Bohnen mischen, den Rest darüberstreuen. Das Gemüse und die Klopse anrichten.
Dazu passen kleine mehligkochende **Kartoffeln**.

Tip
Es ist ratsam, vorweg probeweise einen Klops zu garen, um sicherzugehen, daß er bei der angegebenen Garzeit wirklich nach dem Garen innen noch rosa ist.
Sehr schön ist es, wenn Sie die Königsberger Klopse mit Kapernfrüchten dekoriert servieren (siehe auch Seite 54). Sie sind so groß wie kleine Oliven und sind auch ähnlich geformt. Man kann sie in Delikateßgeschäften kaufen, sie sind wie Kapern eingelegt.

BROMBEERBAVAROISE MIT COULIS VON BROMBEEREN

Für 6 Personen

für die Coulis:

700 g Brombeeren

Zucker nach Belieben

etwas Zitronensaft

für die Bavaroise:

5 Eigelb

125 g Zucker

¼ l Milch

5 Blatt weiße Gelatine

500 g süße Sahne

für die Garnitur:

125 g Brombeeren

Zitronenmelisseblättchen

Zubereitung 1 Tag vorher notwendig

1. Die Brombeeren verlesen und waschen. Für die Coulis 500 g Brombeeren im Mixer pürieren, anschließend durch ein Sieb streichen und das Püree mit Zucker und Zitronensaft abschmecken.
2. Die Hälfte des Pürees abgedeckt kalt stellen, die andere Hälfte für die Zubereitung der Bavaroise beiseite stellen.
3. Für die Bavaroise die Eigelbe und den Zucker in eine Schüssel geben und so lange schlagen, bis eine cremige Masse entstanden ist.
4. Inzwischen die Milch aufkochen lassen und sie heiß in einem dünnen Strahl zu der Eiercreme gießen, dabei kräftig schlagen.
5. Alles in einen Simmertopf unfüllen oder in ein Wasserbad stellen und unter ständigem Schlagen weiter erhitzen, bis die Creme dicklich wird. Sie darf nicht kochen!
6. Die Gelatine für etwa 5 Minuten in kaltem Wasser quellen lassen und dann gut ausdrücken. Die Gelatine in die noch heiße Creme geben und unter Rühren darin auflösen.
7. Die Creme abkühlen lassen und die Hälfte der Brombeercoulis darunterrühren. Die Speise kalt stellen. Wenn sie zu stocken beginnt, die Sahne steif schlagen und zusammen mit den restlichen 200 g Brombeeren darunterheben. Die Bavaroise in eine Servierschüssel füllen und kalt stellen.

Etwa 3 Stunden vor dem Servieren

8. Die Bavaroise mit einem Teil der Brombeercoulis überziehen. Die Brombeeren für die Garnitur verlesen und waschen. Die Bavaroise mit den Früchten und Zitronenmelisseblättchen garnieren. Die restliche Brombeercoulis extra dazu reichen. Tulles (Seite 26) dazu servieren, die können Sie schon 1 Woche im voraus zubereiten.

Variation

Sie können statt der Brombeeren auch andere **Beerenfrüchte der Saison**, wie zum Beispiel **Erdbeeren**, verwenden.

Bevor die Gelatine und die süße Sahne hinzukommen, entspricht die Zubereitung der Bavaroise der der Englischen Creme. Sie läßt sich, mit Vanille abgeschmeckt, auch gut als **Vanillesauce** servieren.

Dessert 93

Das Menü im Oktober
Ein Stilleben in herbstlichen Farben aus Pilzen, Blüten, Blättern und Vogelfedern verzaubert den Tisch im Oktober

HERBSTSPAZIERGANG

DER TISCH

Das Jahr neigt sich seinem Ende zu. Herbstlaub in Rot-, Gelb- und Brauntönen bedeckt die Erde und läßt die Landschaft, aus der Ferne betrachtet, wie ein Mosaik aussehen.
Aber die Braun- und Rottöne sind es nicht allein, die die Farben des Herbstes bestimmen. Viele bunte Blumen beleben das Bild. Die letzten Dahlien und Rosen, aber auch Astern und Chrysanthemen in allen Farben strecken ihre Blüten der noch wärmenden Sonne entgegen.
Ein englisches Wachstuch mit Ornamenten in warmem Braun, Rot und Grün dient unserer herbstlich gedeckten Tafel als passender Untergrund. Auf einem ovalen Spiegel in der Mitte des Tisches sind Früchte und Pilze, die auch als Zutaten im Menü Verwendung finden, mit Blättern, Fasanenfedern und der letzten Rose aus dem Garten zu einem Herbststilleben vereint. Die buschigen Fruchtstände der Waldrebe deuten silbrige Schleier an, die so typisch sind für den herbstlichen Wald. Im Laufe des Abends herunterbrennende Kerzen tauchen die Tafel in warmes Licht und schaffen eine behagliche Atmosphäre.

Das Dessert ist ein echter Oktobergenuß! Der halbgefrorenen Vacherin besteht aus mit Sahne und frischen Walnüssen geschichtetem Baiser. Er wird in Scheiben geschnitten und mit einem Coulis aus Weinbergpfirsichen serviert. Diese Pfirsiche sind eine Spezialität aus den Weinbergen an Rhein und Mosel. Es sind kleine, mit einer grauen, pelzigen Haut überzogene unscheinbare Früchte, deren Fleisch dunkelrot ist. Sie werden zu Kompott gekocht, ihr Saft ist burgunderrot, dickflüssig und hat einen herben, leicht bitteren Geschmack. Weinbergpfirsiche sind nur kurz, Ende September, auf gut sortierten Wochenmärkten erhältlich. Man sollte sie dann unbedingt kaufen und einkochen. Ein Glas Kompott läßt sich lange aufbewahren. Zu dem luftigen, aber sehr süßen Vacherin paßt der herbe Geschmack des Pfirsichcoulis ausgezeichnet.
Bis auf das Braten der Hasenfilets und der Zubereitung des Soufflés kann man alle Gerichte dieses Menüs problemlos vorher fertigstellen. Die Zubereitung der Fischterrine und des Desserts sind etwas arbeitsintensiver.
Den Organisationsplan zu diesem Menü finden Sie auf Seite 169.
Zu den Vorspeisen paßt ein Frankenwein, ein trockener Müller-Thurgau. Zum Hasenrücken sollten Sie einen runden, guten Burgunder wählen, den man wegen seiner Würze auch zum Dessert trinken kann.

DAS MENÜ

Das volle Aroma herbstlicher Gemüse- und Obstsorten setzt in diesem Menü die Akzente. Als Vorgericht wird jedem Gast eine Scheibe der Terrine aus zweierlei Lachs serviert: Eine Mousse aus Graved Lachs ist in einen Mantel aus geräucherten Lachsscheiben gehüllt. Einige Scheiben frischer Feigen und etwas Siebensauce runden die Vorspeise ab.
Die Sauce besteht aus sieben, in gleichen Mengen verwendeten Zutaten. Sie ist eine mildere Variante der klassischen Senfsauce, die in Skandinavien zu Graved Lachs gereicht wird.
Eine cremige Sellerievelouté schließt sich an. Sie ist köstlich, aber damit sie nicht zu satt macht, servieren wir nur eine geringe Menge davon.
Ein Sorbet aus dem dickflüssigen Saft von Quitten wird danach als Erfrischung gereicht. Mit etwas Quittengelee verrührt wird es noch delikater.
Das Hauptgericht ist etwas ganz Besonderes. Die Zubereitung von Wildbret ist für jede Gastgeberin eine Herausforderung. Um einen saftigen Fasan, ein zartes Rebhuhn oder gar einen Hirsch- oder Rehrücken zuzubereiten, braucht man schon einige Erfahrung. Deshalb haben wir etwas Einfaches ausgewählt – die Hasenfilets im Pilzragout gelingen bestimmt.
Grundlage ist ein Ragout aus herrlichen Herbstpilzen, in das die ganz kurz in Butter gebratenen Hasenfilets gelegt werden. Begleitet wird das Hauptgericht von einem Soufflé aus Spinat und Kartoffelpüree. Als Variante dazu kann man auch selbstgemachte Spätzle anbieten.

VARIATION

Gebeizte Forellenfilets mit Trauben-Meerrettich-Sahne
(Seite 65 und Variation)

✻

Steinpilzsuppe mit Blätterteighäubchen (Seite 88)

✻

Sorbet von Wiliamsbirnen (Seite 48)

✻

Lammkarree (Seite 68) mit Spinat-Zitronen-Gratin
(Variation Seite 23)

✻

Windbeutelchen mit Mandelsahne gefüllt
(Variation Seite 155)
auf Pflaumenkissel (Variation Seite 82)

Menü

Terrine von zweierlei Lachs
mit Feigen und Siebensauce

Sellerievelouté

Quittensorbet

Hasenrücken im Pilawald mit Spinatsoufflé

Halbgefrorener Vacherin mit frischen Walnüssen
und Coulis von Weinbergpfirsichen

TERRINE VON ZWEIERLEI LACHS MIT FEIGEN

Für 6 Personen

für die Lachsmousse:

125 g Graved Lachs (fertig gekauft oder selbst zubereitet nach Rezept Seite 65)

125 g süße Sahne

225 g Crème fraîche

3 Blatt weiße Gelatine

100 ml Kalbsfond (aus dem Glas)

1 TL Zitronensaft

1 TL trockener Sherry

Pfeffer aus der Mühle

für die Terrine:

200 g geräucherter Lachs in dünnen Scheiben

2 Bund Dill

für die Garnitur:

3 frische blaue Feigen

außerdem:

Siebensauce (Rezept rechts)

Besonderes Küchengerät: Kasten- oder Terrinenform (800 ml Inhalt)

Zubereitung 1 Tag vorher notwendig

1. Den Graved Lachs in Stückchen schneiden und zusammen mit der Sahne und der Crème fraîche für etwa ½ Stunde in den Kühlschrank stellen.
2. Inzwischen die Gelatine in wenig kaltem Wasser etwa 10 Minuten quellen lassen. Den Kalbsfond erhitzen, mit Zitronensaft und Sherry abschmecken und mit Pfeffer würzen. Die Gelatine ausdrücken und in der heißen Flüssigkeit auflösen. Das Ganze etwas abkühlen lassen.
3. Die Lachs-Sahne-Mischung im Mixer oder mit dem Schneidstab pürieren. Den Fond mit der Gelatine unter die Fischmousse rühren und danach alles nochmals abschmecken.
4. Die Kasten- oder Terrinenform mit Alufolie auskleiden. Dann ihren Boden und die Seiten mit den Räucherlachsscheiben auskleiden, dabei darauf achten, daß sie am Rand etwas überhängen. Übrige Lachsscheiben beiseite legen, sie werden zum Abdecken benötigt.
5. Den Dill waschen, die Blättchen fein hacken und die Hälfte davon auf den Boden der Form (auf den Lachs) streuen.
6. Nun die Fischmousse in die Form füllen, glattstreichen und mit dem restlichen Dill bestreuen. Die überhängenden Teile der Lachsscheiben darüberklappen, die Terrine mit den zurückbehaltenen Lachsscheiben belegen und sie andrücken.
7. Die Form verschließen und die Terrine in den Kühlschrank stellen. Sie ist nach etwa 24 Stunden schnittfest.

Vor dem Servieren

8. Etwa 2 Stunden vor dem Servieren die Lachsterrine stürzen und die Alufolie vorsichtig abziehen. Die Terrine mit einem elektrischen Messer in etwa 1 cm dicke Scheiben schneiden. Dabei die Scheiben mit einer Hand stützen, damit sie nicht zerbrechen.
9. Eine Scheibe auf jeden Teller legen. Die Feigen waschen, die Stiele entfernen und die Früchte in Scheiben schneiden. Die Terrine mit Feigen und Siebensauce garnieren. Sie können die Terrinenscheiben auch auf einen Spiegel aus Siebensauce legen.

Die Form mit Alufolie und Lachsscheiben auskleiden. Den Boden mit Dill bestreuen

Die Terrine mit dem elektrischen Messer in Scheiben schneiden

Variation
Sie können die beiden Lachsarten untereinander austauschen. Oder servieren Sie nur die eisgekühlte **Lachsmousse** zusammen mit warmen Blini (Seite 110).

SIEBENSAUCE

Für 6 Personen

1 Ei (50 g)

50 g Butter

50 g milder Dijonsenf

50 ml Weißwein oder Sherry

50 ml Estragonessig

50 g Zucker

50 ml Rinderfond (aus dem Glas)

Salz

Pfeffer aus der Mühle

Tip
Ihren Namen erhielt die Siebensauce, weil sie aus sieben, in gleicher Menge verwendeten Hauptzutaten besteht. Zum Abmessen können Sie einen Eierbecher nehmen. Das Rezept gibt die Grundmenge an, die Sie beliebig erhöhen können. Die Sauce schmeckt immer wieder anders, je nachdem, welcher Wein, welcher Senf und welcher Essig verwendet wird.

Zubereitung 3 Tage vorher möglich, 1 Tag vorher notwendig

1. Alle Zutaten (nach Belieben mit einem Eierbecher abmessen) in einen kleinen Topf geben. Das Ganze bis kurz vor den Siedepunkt erhitzen und währenddessen mit einem Schneebesen kräftig verschlagen. Es soll eine dickcremige Sauce entstehen. Achtung! Die Sauce darf nicht kochen.
2. Die Sauce mit etwas Salz und Pfeffer mild würzen und für etwa 24 Stunden abgedeckt in den Kühlschrank stellen. Erst dann entwickelt sie ihr volles Aroma. Die Sauce hält sich einige Wochen im Kühlschrank. Die Siebensauce zur Lachsterrine (Rezept links) servieren.

Variation
Reichen Sie die Siebensauce als **Dip zu Amuses gueules**, zum Beispiel zu gebratenen Tatarbällchen oder zu Crudités (Rezepte Seite 154 und 155).

SELLERIEVELOUTE

Für 6 Personen

für die Suppe:

1 große Knolle Sellerie (600–800 g)

1 l Rinderfond (aus dem Glas)

100 g süße Sahne

100 g Crème fraîche

etwas Zitronensaft

Salz

Zucker

Pfeffer aus der Mühle

für die Garnitur:

18–24 rosa Pfefferkörner

Variation
Auf gleiche Weise können Sie eine **Möhrenvelouté** zubereiten. Schneiden Sie 500 g Möhren klein und dünsten Sie sie etwa 10 Minuten bei niedriger Hitze in etwas Butter an. Dann den Rinderfond (oder Kalbsfond) angießen, die Möhren weichkochen und pürieren. Gießen Sie 200 g süße Sahne dazu und schmecken Sie die Suppe ab. Sie wird mit einigen zerdrückten Wacholderbeeren bestreut.

QUITTENSORBET
Reichen Sie das Quittensorbet als Zwischengericht. Das Rezept finden Sie auf Seite 157. Sie können das Sorbet 2 Tage im voraus zubereiten. Schlagen Sie es etwa 5 Minuten vor dem Servieren noch einmal auf und spritzen Sie es dann in Gläser.

Zubereitung 1 Tag vorher möglich

1. Die Sellerieknolle schälen, vierteln und in dem Rinderfond weichkochen.
2. Die Selleriestücke herausnehmen, zusammen mit etwas Kochflüssigkeit im Mixer oder mit dem Schneidstab pürieren und das Püree zur restlichen Kochflüssigkeit in den Topf zurückgießen.
3. Die Sahne und die Crème fraîche darunterrühren und die Suppe mit etwas Zitronensaft, Salz, Zucker und Pfeffer abschmecken. Sie abgedeckt kühl stellen.

Kurz vor dem Servieren

4. Die Velouté erwärmen, aber nicht mehr kochen lassen, damit sie ihren frischen Sahnegeschmack nicht verliert. Die Suppe in Tassen füllen und in die Mitte jeweils drei bis vier rosa Pfefferkörner streuen.

SPINATSOUFFLE

Für 6 Personen

600 g pürierter Tiefkühlspinat

7 mittelgroße, mehligkochende Kartoffeln

Salz

2 EL weiche Butter

3 Eigelb

1 Knoblauchzehe

Pfeffer aus der Mühle

etwas Butter

3 Eiweiß

Besonderes Küchengerät: 1 Souffléform (ca. 21 cm ⌀)

Vorbereitung 1 Tag vorher notwendig
1. Den Spinat aus der Verpackung nehmen und über Nacht im Kühlschrank auftauen lassen.

3 Stunden vor dem Servieren
2. Die Kartoffeln schälen, kleinschneiden und in Salzwasser weichkochen. Sie anschließend mit dem Schneidstab pürieren.
3. Den Spinat in einem Sieb oder einem Tuch gut ausdrükken und zusammen mit der Butter und den Eigelben unter das Kartoffelpüree rühren. Den Saft der Knoblauchzehe auspressen und die Masse damit und mit Salz und Pfeffer abschmecken.

Vor dem Servieren
4. Etwa 1 Stunde vor dem Servieren den Ofen auf 200°C vorheizen. Eine Souffléform (ca. 21 cm ⌀) mit Butter ausfetten.
5. Die Eiweiße steif schlagen, unter die Kartoffel-Spinat-Masse heben und alles in die Souffléform füllen. Sie in den Ofen stellen und das Soufflé etwa 40 Minuten backen. Die heiße Form auf einen Unterteller stellen, mit einer großen Serviette umwickeln und sofort zum Hasenrücken servieren.

Variation
Statt des Spinatsoufflés können Sie auch **selbstgemachte Spätzle** und Spinatsalat (Variation Seite 23) als Beilagen servieren. Für die Spätzle 375 g Mehl in eine Schüssel sieben und 4 bis 5 Eier – je nach Größe –, etwas Salz und etwas geriebene Muskatnuß damit verschlagen. Nach und nach so viel Wasser dazugeben, daß ein zäher, glatter Teig entsteht. Diesen für etwa 1 Stunde in den Kühlschrank stellen. In einem großen Topf Salzwasser zum Kochen bringen und den Spätzleteig portionsweise durch eine Spätzlepresse in das kochende Wasser drücken. Sie können den Teig auch auf ein Brettchen streichen und dann mit einer Palette kleine Teigstreifen in das Kochwasser schaben. Wenn die Spätzle an die Oberfläche steigen, sie mit einem Schaumlöffel abschöpfen und kalt abschrecken. Die Spätzle gut abtropfen lassen und mit 50 g zerlassener Butter mischen. Sie können die Spätzle bereits 2 Tage vor der Einladung zubereiten. Sie werden dann kurz vor dem Servieren aufgebraten.

102 Herbstspaziergang/Oktober

HASENRÜCKEN IM PILZWALD

Vorbereitung 1 Tag vorher notwendig
1. Das Hasenfleisch mit Hilfe eines Löffels oder eines spitzen Messers sorgfältig vom Knochen lösen. Auch die kleinen Filets an der Unterseite sorgfältig ablösen.
2. Diese Fleischstücke in Alufolie wickeln und bis zum nächsten Tag in den Kühlschrank legen.
3. Für das Pilzragout die Steinpilze in ¼ l Wasser über Nacht quellen lassen.
4. Die Zwiebeln schälen und kleinschneiden, den Speck in feine Würfel schneiden und beides zugedeckt bis zum nächsten Tag stehen lassen.

Einige Stunden vor dem Servieren
5. In einer Sauteuse oder einem entsprechend großen Topf die Speckwürfel in 1 Eßlöffel geklärter Butter ausbraten. Die Zwiebeln dazugeben und bei schwacher Hitze glasig dünsten.
6. Das Einweichwasser der Steinpilze dazugießen und so lange einkochen lassen, bis fast die gesamte Flüssigkeit verdampft ist.
7. In der Zwischenzeit die Champignons und die restlichen frischen Pilze putzen, wenn nötig ganz kurz mit Wasser abbrausen und das etwas erdige Stilende abschneiden. Die Champignons und die Maronenpilze in dicke Scheiben schneiden, die Pfifferlinge und die Austernpilze ganz lassen.
8. Die Steinpilze zusammen mit den frischen Pilzen zum Speck geben und alles vorsichtig bei mittlerer Hitzezufuhr etwa 10 Minuten dünsten. Nicht umrühren, nur ab und zu den Topf etwas schütteln, damit die Pilze nicht zu sehr ihre Struktur verlieren.
9. Die Sahne mit der Crème fraîche verrühren, zu den Pilzen gießen und bei schwacher Hitzezufuhr etwa 3 Minuten köcheln lassen. Mit Salz und Pfeffer abschmecken.
10. Die Petersilie waschen, verlesen und fein hacken.
11. Die Hasenrückenstücke salzen und pfeffern. In einem schweren Bräter in der restlichen geklärten Butter scharf anbraten. Die Hasenrücken benötigen 5 Minuten, die Rückenfilets 2 Minuten. Das Fleisch in Alufolie packen.

Vor dem Servieren
12. Den Backofen auf 100°C vorheizen und das eingepackte Fleisch zum Wärmen für ¼ Stunde hineinlegen.
13. Das Pilzragout erhitzen. Die Hasenfleischstücke aus der Alufolie nehmen. Den ausgetretenen Fleischsaft zum Pilzragout gießen. Das Fleisch schräg in 3 cm dicke Scheiben schneiden.
14. Das Pilzragout in eine flache breite Schüssel füllen und die Hasenfleischstücke darauf legen und mit der Petersilie bestreuen. Das Hasenfleisch kann mit dem Pilzragout auch als Tellergericht serviert werden. Reichen Sie dazu das Spinatsoufflé oder Spätzle.

Für 6 Personen

2 große oder 3 kleine Hasenrücken mit Knochen

für das Pilzragout:

25 g getrocknete Steinpilze

250 g Zwiebeln

50 g durchwachsener Speck

50 g geklärte Butter (Seite 12)

100 g Champignons

100 g Maronenpilze

100 g Pfifferlinge

100 g Austernpilze

125 g süße Sahne

125 g Crème fraîche

Salz

Pfeffer aus der Mühle

2 Bund glattblättrige Petersilie

Hauptgericht

HALBGEFRORENER VACHERIN MIT FRISCHEN WALNÜSSEN

Für 6 Personen

25 frische Walnüsse (ca. 100 g Kerne)

3 Eiweiß (150 g)

150 g Puderzucker

für die Füllung:

200 g süße Sahne

3 Tropfen Bittermandelöl

Variation

Verwenden Sie für den Vacherin statt der Walnüsse **Pistazienkerne, Mandeln oder Haselnüsse.** Oder servieren Sie den süßen Vacherin mit einem Coulis aus anderen säuerlichen Früchten, zum Beispiel aus Sauerkirschen, Rhabarber, Johannisbeeren oder aus Pflaumen.

Zubereitung 2 Tage vorher notwendig, 3 Tage vorher möglich

1. Die Walnüsse knacken, die Kerne herausnehmen und, wenn sie ganz frisch sind, die Häutchen abziehen, da sie bitter sind. Die Kerne wiegen – es sollten etwa 100 g sein –, die eine Hälfte der Nüsse grob hacken, die andere fein mahlen.
2. Für den Vacherin die Eiweiße zu sehr steifem Schnee schlagen, dabei den Puderzucker nach und nach dazugeben. Die Masse muß so steif geschlagen sein, daß ein Schnitt mit einem Messer sichtbar bleibt. Nun die grob gehackten Walnußkerne darunterheben.
3. Ein Backblech mit Backtrennpapier auslegen. Den Eischnee darauf zu einem 10 x 24 cm großen Rechteck ausstreichen. Einen Gummispachtel zweimal senkrecht zur Längsseite durch die Eiweißmasse ziehen, so daß die Fläche in drei gleich große Rechtecke unterteilt wird.
4. Den Ofen auf 70 bis 100 °C stellen, das Blech hineinschieben und die Eiweißmasse in etwa 4 Stunden (im Umluftherd in 2 Stunden) zu einem Baiser trocknen lassen. Währenddessen einen Kochlöffel in die Ofentür stecken, damit die entstehende Feuchtigkeit entweichen kann (dies ist im Umluftherd nicht nötig).
5. Für die Füllung die Sahne steif schlagen. 25 g der gemahlenen Walnußkerne darunterheben und sie mit dem Bittermandelöl abschmecken.
6. Die drei Baiserlagen von dem Backtrennpapier lösen, dick mit der Walnußsahne bestreichen und aufeinandersetzen. Auch die Seiten mit Sahne überziehen und sie mit einem langen Messer glattstreichen.
7. Die Seiten und die Oberfläche des Vacherins mit den restlichen 25 g gemahlenen Nüssen bestreuen.
8. Den Vacherin offen im Gefrierfach anfrieren lassen, dann in Folie einschlagen und bis zum Servieren ins Gefrierfach stellen.

Vor dem Servieren

9. Den Vacherin ¼ Stunde vor dem Servieren aus dem Gefrierfach nehmen und etwas antauen lassen. Ihn dann mit einem elektrischen Messer in 1½ cm dicke Scheiben schneiden. Das Coulis von Weinbergpfirsichen extra dazu reichen oder alles auf Tellern anrichten.

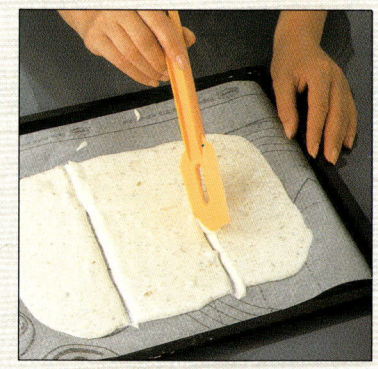

Den Teig mit einem Gummispachtel dritteln

Den Vacherin mit Sahne überziehen

COULIS VON WEINBERG-PFIRSICHEN

Für 6 Personen

500 g Weinbergpfirsiche
(kleine rotfleischige Pfirsiche)

Zucker nach Geschmack

Variation
Coulis sind Fruchtsaucen, die Sie entweder aus rohen Früchten, zum Beispiel aus Sommerbeeren oder, wie im Rezept beschrieben, aus gekochtem Obst herstellen können. Sie können so, ohne Bindemittel, aus **Sommerbeeren** oder **weißen Pfirsichen, Aprikosen, Sauerkirschen oder Pflaumen** die schönsten Fruchtsaucen zubereiten.

Zubereitung 1 Tag vorher notwendig, 3 Tage vorher möglich

1. Die Weinbergpfirsiche mit kochendem Wasser überbrühen. Die Haut abziehen, die Früchte halbieren und entkernen.
2. Die Pfirsichhälften in einen passenden Topf geben, mit Wasser eben bedecken, mit etwas Zucker bestreuen und bei mittlerer Hitzezufuhr weichkochen.
3. Die Früchte mit einem Schaumlöffel herausheben. Die Hälfte der Pfirsiche im Mixer oder mit dem Schneidstab pürieren. Das Pfirsichpüree mit der Kochflüssigkeit zu einer sämigen Sauce verrühren und mit etwas Zucker abschmecken.
4. Die restlichen Pfirsichhälften dazugeben, alles in eine Servierschale füllen und abgedeckt bis zum Servieren kalt stellen.

Tip
Kochen Sie Weinbergpfirsiche auf Vorrat in Gläsern ein, denn sie kommen Ende September nur für sehr kurze Zeit auf den Markt.

Das Menü im November
Ein Eisblock mit einem darin eingefrorenen Lachs zeigt, daß sich bei diesem Menü alles um den Fisch dreht

FISCH, FISCH ÜBERN TISCH

DER TISCH

In der beginnenden kalten Jahreszeit servieren wir ein Fischdiner. Zu fast jedem Gang gibt es einen anderen Fisch mit einer besonderen Zubereitung. Um sicherzugehen, daß nur Gäste kommen, die Fisch mögen, schreiben wir unser Fischmenü gleich auf die Einladungskarte, die wir frühzeitig verschicken. Natürlich hoffen wir, daß es unseren Gästen so ergehen möge, wie es in einer herrlichen Kurzgeschichte von Tschechow beschrieben ist: Da sitzt ein Sekretär in einem dürftig eingerichteten Büro und schildert seinen Vorgesetzten so anschaulich, was man jetzt alles essen könnte, daß auch den Hartgesottensten unter ihnen das Wasser im Mund zusammenläuft und sie sich plötzlich, wie von unbekannter Macht getrieben, aus dem Staube machen und zum häuslichen Mittagstisch eilen.

Für unser Fischmenü haben wir uns eine ganz besondere Dekoration ausgedacht. Unser Traum war, ein großer Fisch läge auf weichem, grünen Gras, umgeben von wundervoll zarten Blüten. Es sollte so natürlich wie möglich wirken. Wir decken den Tisch mit wasserblauer Lackfolie, legen den Eisblock auf eine mit Alufolie überzogene Platte und stellen Schnittlauch dazu, der aus Töpfchen in Wassergläser umquartiert wurde. Hier und da sind zarte rosa Blüten dazwischengesteckt.

Die Sauce haben wir für unser Novembermenü etwas abgewandelt. Im Originalrezept wird noch Sauerampfer hineingegeben.

Zum Dessert dann „Floriannes Schokoladentraum" – ein Schokoladentörtchen, das auf einem Spiegel aus pastellgrüner Pfefferminzsauce „After eight" serviert wird. Diese Englische Creme, die mit ein paar Tropfen Pfefferminzöl aromatisiert wird, wirkt zum Abschluß wie eine „kühle Brise".

Das vielseitige Fischmenü ist leicht bekömmlich. Die Auswahl der Zutaten ist zwar anspruchsvoll, die Zubereitung der Speisen aber nicht kompliziert. Die Gerichte verlangen eine sorgfältige, einige sogar eine etwas zeitintensive Vorbereitung, jedoch wird der Fischhändler sicher gern beim Putzen und Filetieren der Fische behilflich sein und Ihnen damit einen Teil der Arbeit abnehmen. Das Fertiggaren der Fische darf erst in letzter Minute geschehen, was bei einer geschickten Planung auch während des Essens noch gut gelingt.

Wenn Sie unseren **Organisationsplan Seite 170** im Auge behalten, kann eigentlich nichts schiefgehen.

Um den Auftakt unseres Fischmenüs, die kleinen, pikanten Blini, besonders hervorzuheben, servieren wir dazu eisgekühlten Wodka. Zu allen anderen Gängen paßt ein französischer weißer Burgunder (Chablis oder Pouilly Fuissé).

DAS MENÜ

Ein sehr appetitanregendes Vorgericht sind die kleinen Blini aus Buchweizenmehl, die mit Hering, Kaviar und Crème fraîche garniert werden. Es folgt eine aus Rind und Fisch gekochte, klare Bouillon, in der sich kleine Stückchen Kabeljau, Heilbutt und Rotbarbe, Muscheln und Hummerkrabben „tummeln".

Das Besondere an dieser feinen Suppe ist, daß sie den Geschmack jedes einzelnen Fisches erst richtig zur Geltung bringt. Damit sie wirklich heiß auf den Tisch kommt, werden die noch nicht ganz garen Fischstückchen in die Suppentassen verteilt, mit heißer Bouillon übergossen, und die Suppe wird dann bis zum Servieren im Ofen heiß gehalten.

Das Limonensorbet wirkt danach so richtig erfrischend und regt durch seine Säure die Geschmacksnerven aufs neue an. Es wird bei Tisch mit Champagner aufgegossen, und man nennt es dann auch „Elsäßer Loch" (französisch: trou alsacien), weil der Alkohol im Magen Platz für die nun folgenden Gerichte schafft. Eine solche Pause ist auch nötig, um den Höhepunkt des Essens, das Lachsgericht, genießen zu können.

Das nur ganz kurz gegarte Lachsfilet ist rosa und saftig. Es ist von feingeschnittenem, gedünstetem Lauch umgeben und wird gekrönt durch die berühmte Vermouthsauce.

VARIATIONEN

Terrine von zweierlei Lachs mit Siebensauce (Seite 98)

*

Tante Esthers Austernsuppe (Seite 122)

*

Heilbutt im Garten (Seite 89)
Grüner Salat

*

Überkrustete Äpfel (Variation Seite 59)
mit Vanillesauce (Variation Seite 33)

oder

Gebeizte Makrelen (Variation Seite 65)
mit Siebensauce (Seite 99)

*

Drei Meeresfische (Variation Seite 111)
auf Gurkencoulis (Variation Seite 76)
Grüner Salat

*

Eingekochte Weinbergpfirsiche mit eisgekühlter Sahne
(Variation Seite 105)

Menü

❧

Winzige Blini mit Hering,
Kaviar und Crème fraîche

Früchte des Meeres in klarer Bouillon

Limonensorbet mit Champagner

Lachsfilet im Lauchbett
mit Vermouthsauce

Floriannes Schokoladentraum
auf Sauce „after eight"

WINZIGE BLINI MIT HERING, KAVIAR UND CREME FRAICHE

Für 6 Personen

für die Blini (ca. 24 Stück):

150 ml Milch

⅛ Würfel frische Hefe oder 1 TL Trockenhefe

40 g Buchweizenmehl

60 g Weizenmehl

1 EL zerlassene Butter

1 EL saure Sahne

1 Eigelb

½ TL Salz

½ TL Zucker

1 Eiweiß

125 g Butter zum Ausbacken

für den Belag:

250 g Crème fraîche

2 Matjesfilets, in Stückchen

50 g roter Kaviar (1 kleines Glas)

50 g schwarzer Kaviar (1 kleines Glas)

Zubereitung 3 Tage vorher möglich

1. Für die Blini die Milch leicht erwärmen und die frische Hefe darin auflösen. (Trockenhefe einfach nur mit dem Mehl mischen und die Milch darunterschlagen.)
2. Die beiden Mehlsorten mischen, die Hefemilch dazugießen und alles gut verschlagen. Die zerlassene Butter, die saure Sahne, das Eigelb, Salz und Zucker in den Teig rühren und diesen kräftig schlagen.
3. Den Teig abgedeckt an einem warmen Ort (ca. 40°C) 2 bis 3 Stunden gehen lassen.
4. Erst danach das Eiweiß sehr steif schlagen und sorgfältig unter den Teig heben. Diesen dann nochmals abgedeckt etwa ½ Stunde gehen lassen.
5. Eine gußeiserne Pfanne sehr stark erhitzen, dann die Hitze herunterschalten und etwas Butter in der Pfanne schmelzen. Mit einem Eßlöffel drei Kleckse Teig in die Pfanne geben und den Teig nur sehr kurz backen. Die Blini sofort wenden und auch die andere Seite backen. So 24 Stück ausbacken.
6. Auf jedem heißen Blini ein wenig Butter zergehen lassen und sie einzeln noch warm in Alufolie packen und dann einfrieren.

Vor dem Servieren

7. Etwa 1 Stunde vor dem Servieren die Blini aus der Tiefkühltruhe nehmen und in der Folie auftauen lassen.
8. Auf sechs Vorspeisenteller jeweils 2 Eßlöffel Crème fraîche, ein wenig roten und schwarzen Kaviar sowie ein Matjesstückchen dekorieren.
9. Danach den Backofen auf 200°C vorheizen. Etwa 10 Minuten vor dem Servieren die noch verpackten Blini etwa 10 Minuten aufbacken. Die Vorspeisenteller eindecken. Die Blini extra dazu reichen.

Variationen

Ganz kleine Blini lassen sich sehr gut **als Amuses gueules** (Appetithappen) servieren. Rechnen Sie dann pro Person zwei bis drei fünfmarkstückgroße Blini; aus dem oben angegebenen Teig können Sie 50 bis 60 Stück dieser Größe herstellen. Frieren Sie jeweils 20 Stück in einer kleinen flachen Aluschale ein. Die Blini werden dann, wie oben beschrieben, aufgebacken und sofort mit Crème fraîche und Kaviar belegt.

Sie können auch **größere Blini** backen (8 bis 10 cm ø) und zu Lachsmousse (Variation Seite 21) servieren.

FRÜCHTE DES MEERES IN KLARER BOUILLON

Für 6 Personen

für die Bouillon:

½ Petersilienwurzel

1 Möhre

1 Stückchen Knollensellerie

½ Stange Lauch

250 g Suppenfleisch mit Knochen

1 EL geklärte Butter (Seite 12)

1½ l Fischfond (aus dem Glas)

8 weiße Pfefferkörner

Salz

Pfeffer aus der Mühle

1 Knoblauchzehe

1 Eiweiß

für die Einlage:

15 Miesmuscheln (12 werden benötigt)

½ EL Butter

1 Lorbeerblatt

1 Glas Weißwein

250 g Kabeljaufilet

250 g Heilbuttfilet

250 g Rotbarbenfilets

6 geschälte Scampi

für die Garnitur:

1 Fleischtomate

1 Bund glattblättrige Petersilie

Vorbereitung 1 Tag vorher notwendig

1. Für die Bouillon das Gemüse putzen und kleinschneiden. Das Fleisch, die Knochen und das Gemüse von allen Seiten in der geklärten Butter anrösten.
2. Dann den Fischfond angießen. Die Pfefferkörner dazugeben und alles bei geöffnetem Deckel etwa 1 Stunde köcheln lassen.
3. Die Brühe anschließend durch ein Sieb gießen und auffangen. Die Bouillon mit Salz, Pfeffer und etwas ausgepreßtem Knoblauchsaft abschmecken.
4. Zum Klären der Bouillon das Eiweiß zu Schnee schlagen, dann mit ein wenig Bouillon mischen und in einen Topf geben. Die restliche Bouillon unter ständigem Rühren dazugießen und das Ganze noch einmal aufkochen lassen. Die Bouillon durch ein Tuch seihen.
5. Von der Bouillon die Menge für sechs Suppentassen abmessen und kalt stellen. Die übrige Bouillon für die Zubereitung der Vermouthsauce verwenden.

Etwa 3 Stunden vor dem Servieren

6. Den Backofen auf 200°C vorheizen. Die Muscheln abbürsten und die Bartfäden herausziehen, geöffnete Muscheln entfernen. Die Butter in einem Topf schmelzen lassen, die Muscheln, das Lorbeerblatt, eine Prise Pfeffer und den Weißwein dazugeben, alles bei geschlossenem Deckel erhitzen und so lange kochen lassen, bis die Muscheln geöffnet sind (ca. 5 Minuten).
7. Von den Muscheln 12 Stück verwenden, bei der einen Hälfte das Fleisch aus den Schalen lösen, bei den restlichen sechs Muscheln das Fleisch darin lassen.
8. Die Fischfilets mit Salz und Pfeffer würzen und sie einzeln in Alufolie (glänzende Seite innen) wickeln.
9. Die Pakete für etwa 10 Minuten in den Ofen legen, der Fisch sollte nicht ganz durchgaren. Den Fisch dann aus den Folien nehmen. Jedes Filet in sechs Stückchen teilen und in die Suppentassen geben.
10. Für die Garnitur die Tomate überbrühen, enthäuten, halbieren und entkernen. Das Fruchtfleisch in kleine Stückchen schneiden. Die Petersilie waschen.

Vor dem Servieren

11. Etwa ¼ Stunde vor dem Servieren den Ofen aufheizen und die Bouillon erhitzen, aber nicht kochen lassen! Den Fisch mit jeweils wenig Bouillon bedecken und die Tassen in den heißen, aber abgestellten Ofen stellen.
12. Unmittelbar vor dem Servieren jeweils eine ausgelöste Muschel, eine Muschel in der Schale, einen Scampo, etwas Tomate und ein Blättchen Petersilie in die Tassen geben. Mit Bouillon auffüllen.

Tip

Wenn sich Muscheln beim Kochen nicht öffnen, müssen diese unbedingt weggeworfen werden, denn sie sind bereits verdorben.

Variation

Servieren Sie die vorgegarten Kabeljau-, Heilbutt- und Rotbarbenfilets auf einer **Coulis aus frischen Gurken**, die mit Dill und Zitronensaft gewürzt wird (Variationen Seite 76).

LIMONENSORBET MIT CHAMPAGNER

Reichen Sie das Limonensorbet als Zwischengericht. Das Rezept finden Sie auf Seite 157. Sie können das Sorbet 3 Tage im voraus zubereiten. Schlagen Sie es etwa 5 Minuten vor dem Servieren noch einmal auf und spritzen es dann in Gläser. Am Tisch wird es mit Champagner aufgegossen.

LACHSFILET IM LAUCHBETT MIT VERMOUTHSAUCE

Für 6 Personen

für das Lauchgemüse:

5 mitteldicke Lauchstangen

3 EL Butter

150 ml Weißwein

Salz

Zucker

Pfeffer aus der Mühle

für die Vermouthsauce:

3 Schalotten

½ kleine Petersilienwurzel

1 EL Butter

150 ml Fischfond (aus dem Glas)

400 ml Weißwein

6 EL Vermouth dry oder trockenen Sherry

125 g süße Sahne

125 g Crème fraîche

außerdem:

2 Lachsfilets (à 500 g)

5 ml trockener Weißwein

50 g gut gekühlte Butter

Vorbereitung 2 Tage vorher möglich

1. Für das Gemüse den Lauch putzen und waschen. Nur das Weiße und Gelbe der Lauchstangen verwenden. Die Lauchstangen der Länge nach halbieren, die Hälften in 4 cm lange Stücke und diese wiederum in ganz dünne Streifen (Julienne) schneiden. In einem luftdichten Behälter in den Kühlschrank stellen.

Zubereitung 1 Tag vorher möglich

2. Für das Lauchgemüse die Butter in einer Pfanne erhitzen und die Lauchjulienne unter Rühren darin andünsten. Den Weißwein dazugeben und das Ganze zugedeckt bei schwacher Hitzezufuhr etwa 10 Minuten dünsten. Der Lauch soll noch bißfest sein. Zuletzt mit Salz, Zucker und ein wenig Pfeffer abschmecken.

3. Für die Sauce die Schalotten und die Petersilienwurzel schälen und beides sehr fein würfeln. Die Butter in einem Topf erhitzen und die Schalotten und die Petersilienwurzel darin bei geringer Hitzezufuhr andünsten.

4. Den Fischfond, den Weißwein und den Vermouth oder den Sherry dazugießen und das Ganze bei geringer Hitze einkochen lassen, bis alles zu einer glänzenden Masse geworden ist.

5. Die Sahne und die Crème fraîche dazugeben und die Sauce nochmals ein wenig einkochen lassen.

3 Stunden vor dem Servieren

6. Aus den Lachsfilets mit einer Pinzette vorsichtig eventuell noch vorhandene Gräten entfernen. Jedes Filet auf ein Stück Alufolie legen (glänzende Seite nach innen) und mit je 3 Eßlöffeln Weißwein beträufeln, dann salzen und pfeffern. Die Folien schließen.

Vor dem Servieren

7. Den Backofen auf 200°C vorheizen und den Fisch 20 Minuten darin garen.

8. In der Zwischenzeit die Lauchjulienne vorsichtig erhitzen, aber nicht mehr kochen.

9. Den Fisch aus dem Ofen nehmen und auf eine Platte legen. Die Alufolie vorsichtig öffnen, sie dabei rund um den Fisch abreißen, ohne das Fischfleisch zu beschädigen. Die Folie unter dem Fisch kann bleiben. Sie können das Lachsfilet auch vorsichtig auf eine vorgewärmte Platte geben. Das Lauchgemüse um den Fisch legen.

10. Die Sauce erhitzen, die gut gekühlte Butter in kleinen Stückchen mit dem Schneebesen unter die Sauce rühren. Die Sauce zum Lachs extra reichen.

Als Beilage empfehlen wir **Baguette** (Seite 132) oder **Wildreis**. Dazu etwa 200 g Wildreis unter fließendem Wasser abspülen, 600 ml gesalzenes Wasser zum Kochen bringen, den Reis hineingeben und in etwa ¾ Stunden ausquellen lassen.

Tip
Lauch hat einen sehr intensiven Geruch, deshalb ist es günstig, ihn mindestens einen Tag vor dem Einladungstermin zu putzen und zu schneiden, sonst riechen die Hände zu stark.

Variation
Reichen Sie im Frühjahr zum Fisch eine **Sauerampfer-Vermouth-Sauce.** Dafür werden 100 g Sauerampfer gewaschen und kleingeschnitten in die heiße fertige Vermouthsauce gegeben.

Hauptgericht

FLORIANNES SCHOKOLADENTRAUM

Für 6 Personen

Butter für die Förmchen

125 g edle, halbbittere Schokolade

125 g weiche Butter

40 g Zucker

4 Eigelb

4 Eiweiß

für die Garnitur:

Sauce „after eight" (Rezept rechts)

einige Minzeblättchen

Besondere Küchengeräte: 6 kleine Souffléförmchen

Variationen
Sie können dieses Dessert bereits 1 Tag im voraus fertig zubereiten, indem Sie die untere Törtchenschicht einige Minuten länger backen und dann auskühlen lassen. Verteilen Sie darauf dann die restliche Masse, stellen die Förmchen in den Kühlschrank und lassen die ungebackene Masse fest werden.
Sie können Floriannes Schokoladentraum auch als **Schokoladenkuchen** in einer mit Backtrennpapier ausgelegten Springform backen. Verdoppeln Sie dafür die Mengen der Zutaten und backen Sie entweder beide Schichten, wie im Rezept angegeben, oder verfahren, wie in unserer ersten Variation beschrieben.

Zubereitung 1 Tag vorher möglich
1. Den Ofen auf 200°C vorheizen. Die Souffléförmchen mit etwas Butter ausfetten und in jedes einen Streifen Backtrennpapier legen, der mit den Enden über den Rand hängen muß.
2. Die Schokolade im Simmertopf oder in einem Wasserbad schmelzen lassen. Dann die Butter in kleinen Portionen darunterschlagen und zuletzt unter Schlagen den Zucker und die Eigelbe hinzufügen.
3. Die Eiweiße sehr steif schlagen und vorsichtig und gleichmäßig unter die Schokoladenmasse heben.
4. Ein Drittel der Masse etwa 2 cm hoch in die Förmchen verteilen. Die restliche Schokoladenmasse abgedeckt in den Kühlschrank stellen.
5. Die Förmchen in den Ofen stellen und die Masse etwa 8 Minuten backen. Sie anschließend in den Förmchen abkühlen lassen und alles bis zum nächsten Tag kalt stellen.

Vor dem Servieren
6. Etwa ¼ Stunde vor dem Servieren den Ofen auf 200°C vorheizen. Die restliche Schokoladenmasse auf die gebackene in den Förmchen verteilen und alles etwa 10 Minuten im Ofen backen.
7. Inzwischen auf sechs Teller jeweils einen Spiegel aus Sauce „after eight" gießen. Die Schokoladenküchlein mit Hilfe des Backtrennpapiers aus den Förmchen heben und auf die Sauce setzen. Mit Minzeblättchen dekorieren.

Die Schokoladenmasse eignet sich auch **als Füllung für Crêpes** (siehe Foto unten); bereiten Sie dafür dann nur die halbe Menge zu. Sie können die Crêpes schon 1 Tag im voraus backen, mit jeweils 2 Eßlöffeln Schokoladenmasse füllen und sie dann zusammenrollen. Die Crêpes abgedeckt in den Kühlschrank stellen und kurz vor dem Servieren etwa 10 Minuten bei 200°C im Ofen überbacken. Dazu paßt Suzettesauce (Variation Seite 37), die extra dazu gereicht wird.

SAUCE „AFTER EIGHT"

Für 6 Personen

für die Englische Creme:

¼ l Milch

2 Eigelb

25 g Puderzucker

außerdem:

3 Tropfen Pfefferminzöl (aus der Apotheke)

1 Prise Salz

Zubereitung 1 Tag vorher notwendig

1. Die Milch erhitzen. Währenddessen die Eigelbe und den Puderzucker in einen Topf geben und mit dem Schneebesen so lange kräftig schlagen, bis eine dickcremige Masse entsteht.
2. Die heiße Milch in einem dünnen Strahl unter ständigem Schlagen zu der Eiercreme gießen. Die Masse bis kurz vor den Siedepunkt erhitzen und dabei mit einem Holzlöffel ständig umrühren. Die Sauce ist fertig, wenn alle Bläschen an der Oberfläche verschwunden sind und sie glatt und cremig ist.
3. Den Topf vom Herd nehmen und die Sauce mit dem Pfefferminzöl und einer Prise Salz abschmecken. Die Sauce „after eight" gut verschlossen in den Kühlschrank stellen. Sie soll eiskalt serviert werden.

Vor dem Servieren

4. Die Sauce mit dem Schneebesen aufschlagen und auf sechs Teller jeweils einen Spiegel angießen. Jeweils ein Schokoladentörtchen daraufsetzen (siehe Rezept links).

Variation

Die Basis der Sauce „after eight" ist eine Englische Creme, aus der Sie mit den verschiedensten Gewürzen, zum Beispiel mit **Zimt**, immer wieder neue Dessertsaucen komponieren können. Sie können die Creme auch zu Eis oder Gelatinespeisen verarbeiten.

Dessert

Das Menü im Dezember
Die weihnachtliche Tafel ist mit einer Amaryllisblüte, mit Christrosen sowie mit Moos umhüllten Styroporformen und anderem Weihnachtsschmuck dekoriert.

HEUTE, KINDER WIRD'S WAS GEBEN

DER TISCH

Der festlich gedeckte Tisch erstrahlt in vorweihnachtlichem Glanz. Zunächst sind die Augen vom vielen Licht ganz geblendet. Erst wenn sie sich daran gewöhnt haben, bemerkt man die einzelnen Schmuckelemente, mit denen der Tisch dekoriert ist. Größere und kleinere geometrische Formen sind, mit grünem Moos umhüllt, zu Weihnachtsbäumchen stilisiert. Damit das Moos auf diesen Kegeln, Pyramiden und Kugeln aus Styropor oder Hartschaum hält, wurde jeweils ein dünnes Nylonhaarnetz darüber gezogen und mit Kranznadeln festgesteckt. Solches Dekorationsmaterial sowie die Nadeln gibt es in Zubehörläden für Floristen zu kaufen. Auch eine Silberschale ist mit einem „Moosmantel" umkleidet, aus dem die Christrosen herauszuwachsen scheinen! Eine Lichterkrone und ein alter Engel aus Großmutters Zeiten bilden den Blickfang des gesamten Arrangements. Etwas Weihnachtsschmuck und kleine winzige Spiegel – der Glaser hat sie zurechtgeschnitten – funkeln zwischen den Kerzen. Eine einzelne Amaryllisblüte fängt mit ihrem roten Kelch das Licht auf, mit schwerem Kopf neigt sie sich über die wunderschöne Tischdecke aus einem dunkelroten, mit großen goldenen Ornamenten bedruckten Stoff. Schon allein diese Tischdecke schmückt den Tisch und unterstreicht mit ihrem üppigen Fall bis zum Boden die warme Atmosphäre. Auf dem festlichen weißen Porzellan liegen weiße, gestärkte Servietten, die zu Engeln gefaltet wurden. Die Flammen der kleinen Kerzen umgeben jeden Engel mit einem Heiligenschein. Noch halten diese Engel die Teller sozusagen unter Verschluß. Doch gleich wird eine Reihe raffinierter Gerichte serviert, die nur einmal im Jahr auf dem Speiseplan stehen und vielleicht gerade deshalb so beliebt sind.

fond eine herb-säuerliche Note. Dazu ein edles Gemüse, den in Butter gedünsteten Chicorée und Rösti frisch aus der Pfanne!
Der Spanische Wind aus Backpflaumen mit einer karamelisierten Zuckerkruste ist eines unserer liebsten weihnachtlichen Gerichte und besonders auch von der Köchin bevorzugt, denn er ist so einfach zuzubereiten. Man püriert Backpflaumen und backt sie – mit steif geschlagenem Eiweiß vermischt – im Ofen zu einem hohen Soufflé. Weil kein Eigelb verwendet wird, gelingt das Soufflé immer! Dazu reicht man flüssige Sahne und als kühlen Begleiter ein ebenfalls aus Backpflaumen zubereitetes Halbgefrorenes. Unser Menü ist ein recht traditionelles Festessen mit einem „östlichen" Einschlag. Die Gerichte erfordern zum Teil einen verblüffend geringen kochtechnischen Aufwand. Außerdem lassen sie sich entweder ganz oder zumindest teilweise schon Tage im voraus zubereiten. Ein organisatorisches Problem stellen eigentlich nur die Rösti dar. Sie müssen ganz frisch und knusprig gebacken aus der Pfanne auf den Tisch kommen, und deshalb muß man die Gäste vor dem Hauptgang für kurze Zeit allein lassen. Einfacher wäre ein Kartoffelgratin, das bis zum Servieren im Ofen bleibt. **Den Organisationsplan zu diesem Menü finden Sie auf Seite 171.**
Zur Lebermousse paßt ein Sauternes aus dem Bordelais sehr gut. Sie können aber auch zum gesamten Menü entweder einen Bordeaux, einen Côte du Rhône oder – wenn vorhanden – einen guten Primeur reichen, das heißt einen jungen Beaujolais, der bereits im November auf den Markt kommt. Als krönender Abschluß empfiehlt sich ein Glas Champagner. Mögen Sie lieber Weißweine, dann bieten Sie einen trockenen Riesling aus Baden an und zum Dessert eine feinfruchtige Rieslingspätlese aus dem Rheingau oder von der Mosel.

DAS MENÜ

Inbegriff des Weihnachtsessens ist die nach altem Hausrezept zubereitete, mit Butter aufgeschlagene Lebermousse. Die Frage, welche Lebersorte für dieses Gericht am geeignetsten sei, wird wohl nie endgültig beantwortet werden. Darum werden hier drei Nocken aus Enten-, Gänse- und Kalbslebermousse serviert. Dazu gibt es süß-säuerliches Apfelgelee und Toast.
Interessant ist die Suppe von geräucherten Austern, aufgegossen mit Sahne und mit etwas Spinat appetitlich grün gefärbt. Auf diese Vorspeise folgt Birnensorbet, dessen feiner Geschmack sich allmählich entfaltet, während es langsam auf der Zunge zergeht. Das Hauptgericht, die Poulardenbrüstchen, erhält einen besonderen Reiz durch eine in Salz eingelegte Zitrone, die man mit dem Fleisch mitbrät. Sie verleiht dem mit Sahne aufgegossenen Bratenfond

VARIATION

Champignonterrine mit Entenleber auf Blutorangensauce
(Seite 20)

∗

Feldsalat

∗

Kalbsbraten mit Salzzitronen sautiert (Variation Seite 123)
Rösti (Seite 125)
Würziges Gelee von Schwarzen Johannisbeeren
(Seite 160)

∗

Pflaumensorbet (Seite 157)
und Weiße Mousse au chocolat (Seite 139)

Menü

❦

Trilogie von Lebermousse
auf Apfelgelee

Tante Esthers Austernsuppe

Poulardenbrust
mit Salzzitronen sautiert
Rösti
Gedünsteter Chicorée

Spanischer Wind mit Backpflaumen
Halbgefrorenes mit Backpflaumen

TRILOGIE VON LEBER-MOUSSE AUF APFELGELEE

Für 8 bis 10 Personen

für die Lebermousse:

80 g Entenleber

80 g Kalbsleber

80 g Gänseleber

1 kleine Möhre

½ Scheibe Knollensellerie

1 kleine Zwiebel

50 g geräucherter durchwachsener Speck

½ Bund Petersilie

1 EL Butter

3–6 EL Rinderfond (aus dem Glas)

1½ Scheiben Toastbrot, fein zerbröselt

120 g weiche Butter

3 TL Cognac, Madeira oder Sherry

1½ TL Zitronensaft

Salz

Pfeffer aus der Mühle

für die Garnitur:

1 Glas Apfelgelee (Rezept Seite 161)

2 Zitronen

8–10 Scheiben Toastbrot

Zubereitung 2 Tage vorher notwendig

1. Die drei Lebersorten getrennt voneinander verarbeiten. Sie jeweils von Sehnen und Häuten befreien, kleinschneiden und in drei Schüsseln geben.
2. Die Möhre und den Sellerie putzen, die Zwiebel schälen. Speck, Möhre und Sellerie in kleine Würfel schneiden. Von der Zwiebel eine Scheibe abschneiden und beiseite legen, den Rest fein würfeln. Die Petersilie fein hacken.
3. Den Speck, die Zwiebel- und die Gemüsewürfel in einer Pfanne in der Butter in etwa 20 Minuten weich dünsten. Die Petersilie etwa 10 Minuten vor Ende der Garzeit dazugeben. Jeweils ein Drittel des Gemüses zu den Leberstücken geben.
4. Die drei Mischungen nacheinander getrennt in die Pfanne geben und etwa 5 Minuten dünsten, bis jeweils die Leber fester ist. Jeweils 1 bis 2 Eßlöffel Rinderfond und ein Drittel des kleingebröselten Toastbrots dazugeben, umrühren und bei geringer Hitzezufuhr kurz durchziehen lassen.
5. Jede so zubereitete Lebermischung in eine Schüssel geben und, solange die Leber noch heiß ist, mit dem Pürierstab zu einer glatten Creme pürieren. Dabei ein Drittel der zurückbehaltenen rohen Zwiebelscheibe mitverarbeiten.
6. Die Pürees anschließend einzeln durch ein Sieb streichen. Zu jedem Leberpüree 40 g weiche Butter geben und mit dem Pürierstab so lange aufschlagen, bis die Massen hell und cremig sind.
7. Jede der Lebermousse mit einem Drittel des Cognacs oder des Madeiras oder Sherrys und des Zitronensafts abschmecken und nicht zu stark mit Salz und Pfeffer würzen. Der volle Geschmack entfaltet sich erst nach 24 Stunden. Die drei Lebercremes gut verschlossen kalt stellen.

Vor dem Servieren

8. Etwa 1 Stunde vor dem Servieren das Apfelgelee kurz erhitzen und so verflüssigen. Einen Eßlöffel davon in die Mitte auf jeden Teller geben.
9. Mit einem Löffel, der kurz in kochendes Wasser getaucht wurde, von den drei Lebercremes kleine ovale Nockerln abstechen und jeweils drei verschiedene Pastetennockerln auf die Teller legen. Mit einer Zitronenecke garnieren und die Teller bis zum Servieren kühl stellen. Die Weißbrotscheiben toasten, diagonal halbieren, so daß Dreiecke entstehen, und sie zu der Leberpastete reichen.

Tip

Die Leberpastete hält sich 4 bis 5 Tage im Kühlschrank frisch. Reste können Sie problemlos einfrieren.

Variation

Wenn Sie nur eine der Leberpasteten zubereiten möchten, dann verwenden Sie 250 g Leber.

Heute, Kinder, wird's was geben/Dezember

Vorspeise

TANTE ESTHERS AUSTERNSUPPE

Für 8 bis 10 Personen

200 g pürierter Tiefkühlspinat, aufgetaut

3 Dosen geräucherte Austern in Öl (ca. 270 g Einwaage)

700 ml Rinderfond (aus dem Glas)

150 ml Milch

150 g süße Sahne

½ Knoblauchzehe

Salz

Pfeffer aus der Mühle

40 ganze rosa Pfefferkörner

Vorbereitung 1 Tag vorher notwendig
1. Den Spinat aus der Verpackung nehmen und über Nacht im Kühlschrank auftauen lassen.

Etwa 3 Stunden vor dem Servieren
2. Den Spinat zusammen mit den Austern und etwas Rinderfond im Mixer pürieren. Den restlichen Fond dazugießen, alles nochmals gut durchmixen und in einen Topf geben.
3. Das Püree erhitzen, die Milch und die Sahne dazugießen, danach nicht mehr kochen lassen, damit die Suppe nicht den frischen Sahnegeschmack verliert. Die Suppe mit dem ausgepreßten Saft der Knoblauchzehe, mit wenig Salz und Pfeffer abschmecken.

Vor dem Servieren
4. Die Suppe einige Minuten vor dem Servieren bei geringer Hitzezufuhr erwärmen. In Suppentassen füllen und jeweils 3 bis 4 ganze oder grob zerstoßene rosa Pfefferkörner darauf streuen.

BIRNENSORBET
Reichen Sie das Birnensorbet als Zwischengericht. Das Rezept finden Sie auf Seite 157. Sie können das Sorbet 2 Tage im voraus zubereiten. Schlagen Sie es etwa 5 Minuten vor dem Servieren noch einmal auf und spritzen es dann in Gläser.

POULARDENBRUST MIT SALZZITRONEN SAUTIERT

Für 8 bis 10 Personen

1 in Salz eingelegte Zitrone (Seite 158)

ca. 8 Poulardenbrüste

2 EL geklärte Butter (Seite 12)

1 Schalotte

1 kleine Möhre

1 Petersilienwurzel

1 Knoblauchzehe

5 weiße Pfefferkörner

100 ml Weißwein

300 ml Geflügelfond (aus dem Glas)

300 g süße Sahne

1 Eigelb

Salz

Pfeffer aus der Mühle

Besonderes Küchengerät: Bräter mit Deckel für das Garen im Ofen

Vorbereitung 2 Wochen vorher notwendig
1. Die Zitrone nach Rezeptanweisung in Salz einlegen.

Etwa 3 Stunden vor dem Servieren
2. Den Ofen auf 250°C vorheizen. Die Poulardenbrüste säubern und trockentupfen. Die Butter in einer Pfanne stark erhitzen und das Fleisch darin von allen Seiten gut anbraten.
3. Die Schalotte, die Möhre, die Petersilienwurzel und die Knoblauchzehe schälen und kleinschneiden. Das Gemüse kurz in der Pfanne angehen lassen.
4. Nun die Poulardenbrüste und das Gemüse in einen Bräter legen. Die Salzzitrone etwas zerdrücken und zusammen mit den Pfefferkörnern dazulegen. Den Bratansatz in der Pfanne mit dem Weißwein und dem Geflügelfond loskochen und über das Fleisch in den Bräter gießen.
5. Den Backofen auf 180°C herunterschalten, den Bräter hineinstellen und das Fleisch zugedeckt etwa 10 Minuten schmoren (sautieren). Die Poulardenbrüste dann in doppelte Alufolie packen und außerhalb des Ofens ruhen lassen.
6. Den Bratensaft durch ein Sieb in einen kleinen Topf gießen – das Gemüse gut ausdrücken. Die Sahne dazugießen und alles so lange einkochen lassen, bis die Sauce dicklich wird. Sie mit Salz und Pfeffer würzen und beiseite stellen.

Vor dem Servieren
7. Etwa 20 Minuten vor dem Servieren das eingepackte Fleisch für ¼ Stunde zum Wärmen in den 200°C warmen Ofen legen. Währenddessen die Sauce erwärmen.
8. Das Eigelb und etwas Wasser in einen Becher geben und etwa 5 Minuten lang mit einem kleinen Schneebesen kräftig schlagen, so daß es an Volumen gewinnt und schaumig wird. Die kochend heiße Sauce vom Herd nehmen und das schaumige Eigelb in die Sauce rühren.
9. Das Fleisch danach aus den Folien nehmen, mit dem elektrischen Messer schräg in etwa 2 cm dicke Scheiben schneiden und auf einer Platte anrichten. Etwas Sauce darüber gießen und den Rest in eine vorgewärmte Sauciere füllen.

Tip
Die Salzzitrone verleiht der Sauce ihren charakteristischen Geschmack.
Das mit Wasser aufgeschlagene Eigelb bindet die Sauce, ohne ihren Fettgehalt nennenswert zu erhöhen. Die Sauce erhält eine wunderbare luftige Konsistenz.

Variation
Sie können auf dieselbe Art einen **Kalbsbraten** zubereiten. Für 8 bis 10 Personen benötigen Sie ein 1½ kg schweres, ausgelöstes Stück aus dem Kalbsrücken. Das Fleisch wird vor dem Anbraten mit gemahlenem Koriander eingerieben und muß etwa 40 Minuten schmoren. Das Fleisch in ½ cm dicke Scheiben schneiden und wie im Rezept beschrieben anrichten.

Hauptgericht

124 Heute, Kinder, wird's was geben/Dezember

RÖSTI

Vorbereitung 1 Tag vorher notwendig
1. Die Kartoffeln abbürsten und in der Schale in kaltem Salzwasser aufsetzen. Aufkochen lassen und die Kartoffeln dann exakt 10 Minuten kochen lassen.
2. Die nicht ganz garen Kartoffeln pellen und kalt stellen.

3 Stunden vor dem Servieren
3. Die Kartoffeln grob reiben und sie dabei immer wieder leicht salzen.

Vor dem Servieren
4. Etwa 25 Minuten vor dem Servieren 1 Eßlöffel Öl in der beschichteten Pfanne erhitzen, dann 1 Eßlöffel geklärte Butter dazugeben. Die Kartoffelraspel in die Pfanne geben und mit einem Spachtel sofort zu einem kompakten Fladen zusammendrücken.
5. Die Pfanne abdecken, den Herd abschalten und den Kartoffelfladen etwa 8 Minuten braten.
6. Um das Rösti wenden zu können, den Fladen vom Pfannenboden lösen und ihn dann auf den Deckel stürzen.
7. Nun wieder 1 Eßlöffel Öl in der Pfanne erhitzen, 1 Eßlöffel geklärte Butter dazugeben und das Rösti vom Deckel in die Pfanne zurückgleiten lassen. Den Fladen wieder etwas zusammendrücken.
8. Die Pfanne mit dem Deckel verschließen, den Herd ausschalten und das Rösti nochmal 10 Minuten braten. Es auf eine Platte oder einen großen Teller gleiten lassen und zum Fleisch servieren.

Für 8 bis 10 Personen

16–20 mittelgroße festkochende Kartoffeln

Salz

2 EL Öl

2 EL geklärte Butter (Seite 12)

Besonderes Küchengerät: große beschichtete Pfanne mit Deckel

GEDÜNSTETER CHICOREE

Etwa 3 Stunden vor dem Servieren
1. Die Chicoréestauden waschen und die bitteren Strünke keilförmig herausschneiden. Dickere Stauden längs halbieren.
2. Den Chicorée in einen großen, flachen Topf legen und mit Wasser auffüllen. Alles erhitzen und den Chicorée etwa 5 Minuten blanchieren. Die Stauden mit einem Schaumlöffel herausheben und auf Küchenpapier legen.

Vor dem Servieren
3. Etwa 10 Minuten vor dem Servieren die Butter in einer Sauteuse schmelzen und etwas Salz und Zucker hineinstreuen.
4. Den Chicorée in der Butter wenden, die Stauden nebeneinander in den Topf legen und bei geringer Hitzezufuhr 10 Minuten glasieren. Das Gemüse in eine Schüssel geben und zum Fleisch servieren.

Für 8 bis 10 Personen

10–12 mittelgroße Chicoréestauden

70 g Butter

Salz

1 Prise Zucker

Variation
Sie können den blanchierten **Chicorée** auch sehr gut **gratinieren:** Die Stauden dann in eine Auflaufform schichten, mit einer Mischung aus 100 ml Milch, 150 g süßer Sahne und 1 verquirlten Ei, Salz und Pfeffer übergießen und bei 200°C 40 Minuten überbacken.

Hauptgericht

SPANISCHER WIND MIT BACKPFLAUMEN

Für 8 bis 10 Personen

für die Pflaumenmasse:

350 g entsteinte Backpflaumen

4 EL Zucker

1 TL Zitronensaft

für die Form:

1 TL weiche Butter

2 EL Zucker

für die Eiweißmasse:

400 ml Eiweiß (ca. 8 Stück)

1 Prise Salz

5 EL Zucker

für die Garnitur:

250 g eisgekühlte süße Sahne

Besonderes Küchengerät:
1 Souffléform (ca. 2 l Inhalt)

Vorbereitung 1 Tag vorher möglich
1. Für die Pflaumenmasse die Backpflaumen mit 2 Eßlöffel Wasser übergießen, etwa 1 Stunde quellen lassen und anschließend mit dem Pürierstab pürieren. Den Zucker und den Zitronensaft darunterrühren.
2. Die Souffléform sorgfältig mit der Butter ausfetten und mit dem Zucker ausstreuen. Die Wände und der Boden müssen gut mit Zucker bedeckt sein.

Etwa 2 Stunden vor dem Servieren
3. Die Eiweiße sehr steif schlagen. Dabei eine Prise Salz und nach und nach 4 Eßlöffel Zucker hineinrieseln lassen. Die Eiweißmasse soll so fest sein, daß ein Messerschnitt sichtbar bleibt.
4. 4 Eßlöffel der Eiweißmasse vorsichtig und sorgfältig unter das Pflaumenpüree heben und diese Masse sorgfältig unter den restlichen Eischnee heben.
5. Die Soufflémasse in die vorbereitete Form füllen. Mit einem Teigspachtel eine kreisrunde, 2 cm tiefe Furche hineinziehen. Dadurch geht das Soufflé in der Mitte besser auf.

Vor dem Servieren
6. Etwa 1 Stunde vor dem Servieren den Ofen auf 250°C vorheizen, ihn dann auf 200°C herunterschalten. Die Oberfläche des Soufflés gleichmäßig mit dem restlichen Zucker (1 EL) bestreuen und das Soufflé 35 bis 40 Minuten backen.
7. Die Souffléform nach dem Herausnehmen mit einer großen weißen Serviette umwickeln, auf einen Unterteller stellen und sofort servieren. Die flüssige Sahne und das Halbgefrorene mit Backpflaumen extra dazu reichen.

Tips
Dieses leichte Soufflé – in Österreich nennt man die Eiweißmasse „Spanischer Wind" – geht beim Backen sehr gut auf, da kein Eigelb mitverarbeitet wird, aber wie alle Soufflés kann es nach dem Backen rasch zusammenfallen.
Um nicht zu viele Eigelbe übrig zu haben, sollten Sie schon im voraus nicht verwendete Eiweiße sammeln. Sie lassen sich problemlos einfrieren. Fügen Sie frische Eiweiße einfach zu gefrorenen hinzu und frieren alles sofort wieder ein. Eiweiße dürfen nicht für längere Zeit Luft ausgesetzt sein.

HALBGEFRORENES MIT BACKPFLAUMEN

Für 8 bis 10 Personen

150 g entsteinte Backpflaumen

300 g süße Sahne

Zucker und Zimt nach Geschmack

etwas Zitronensaft

Vorbereitung 2 Tage vorher notwendig, 3 Tage vorher möglich

1. Die Backpflaumen mit so viel Wasser übergießen, daß sie gerade bedeckt sind. Die Pflaumen über Nacht quellen lassen.

Zubereitung 1 Tag vorher notwendig, 2 Tage vorher möglich

2. Die eingeweichten Backpflaumen abtropfen lassen und mit dem Pürierstab pürieren.
3. Die Sahne steif schlagen und unter das Püree heben. Das Ganze mit Zucker und Zimt und etwas Zitronensaft abschmecken. Die Masse in einen Plastikbehälter füllen, ihn gut verschließen und ins Gefrierfach des Kühlschranks stellen.

Etwa 3 Stunden vor dem Servieren

4. Mit dem Eiskugelausstecher das Eis zu Kugeln (8 bis 10 Stück) formen, sie unverpackt auf einem Teller in das Gefrierfach stellen und den Kühlschrank auf kleinste Kühlstufe einstellen.

Vor dem Servieren

5. Die Eiskugeln in eine Schüssel geben und zusammen mit dem Spanischen Wind reichen.

Variation

Für **Halbgefrorenes aus kandierten Früchten unter einer Schokoladenkruste** 150 g kleingewürfelte kandierte Früchte (kein Orangeat und Zitronat) in 2 Eßlöffeln Orangenlikör quellen lassen, die Sahne (siehe Schritt 3) darunterziehen und alles in einer Servierschale einfrieren. Etwa ½ Stunde vor dem Servieren eine dünne Schicht aus flüssiger Schokoladenkuvertüre darüberziehen und die Schale bis zum Servieren in den Kühlschrank stellen.

Das Menü im Januar
Die apricotfarbenen Tulpen
und die warmen Farben des
als Tischdecke verwendeten
Kaschmirtuchs schaffen eine
gemütliche Atmosphäre

TULPENFEST

DER TISCH

Tulpen sind heute durch die Kultur unter Glas fast schon zu Winterblumen geworden. Bereits im Januar, allerdings nur für recht kurze Zeit, gibt es die aprikosenfarbenen Tulpen zu kaufen, mit denen wir unseren Tisch schmücken wollen. Sie sollten möglichst schon zwei Tage im voraus in eine nicht zu hohe, mit viel Wasser gefüllte Vase gestellt werden, damit sich die Kelche weit öffnen. Sie verströmen dann ihren eigentümlich herben, an den von Bittermandeln erinnernden Duft, und die Stiele der Tulpen neigen sich malerisch über den Vasenrand. Wenn Sie es lieber mögen, daß die Kelche noch geschlossen sind, dann stellen Sie die Tulpen in nur wenig Wasser.

Die zarten Blüten haben gleichzeitig etwas Robustes an sich. Diese eigenwillige Mischung von Eigenschaften wird man nicht nur bei der Dekoration, sondern auch in unserem Menü wiederfinden.

Die orangegelben Blüten schmücken einen mit einem Kaschmirschal bedeckten Tisch, und schon diese beiden Elemente schaffen eine wohlige, gemütliche Atmosphäre. Dazu werden zart wirkende Gläser und weißes, englisches Steingutgeschirr gedeckt. Es fällt nicht schwer, sich zu dieser Dekoration ein Menü vorzustellen, dessen Gerichte sowohl die warmen Farben der Dekoration aufgreifen als auch zarte und intensivere Genüsse in sich vereinen.

Statt mit apricotfarbenen Tulpen kann man den Tisch auch mit anderen, im Januar erhältlichen Blumen schmücken. Einen sehr eigenwilligen Charme entwickeln **Mimosen,** deren zarte, gelbe Blüten in den Wintermonaten in südlichen Gefilden zu finden sind. Ihre Empfindlichkeit ist sprichwörtlich, und es ist erstaunlich, welch schweren Duft die so zerbrechlich wirkenden Ponpons verströmen.

Die Tischdekoration erhält ihren Reiz durch die Beschränkung auf eine Blumensorte. Es wäre schade, die Wirkung der Tulpen oder der Mimosen durch Kombinationen mit anderen Blumen oder Blättern zu beeinträchtigen.

DAS MENÜ

In diesem Menü wechseln sich intensive Geschmackserlebnisse mit feinen ab. Eine erfrischende, kalte Vorspeise ist das Weiße und Gelbe von dünnen Lauchstangen. Das Gemüse wird nur kurz gegart, dann mit einer pikanten Vinaigrette überzogen und mit gehacktem Ei und kroß gebratenen Speckwürfelchen bestreut.

Bei der Muschelsuppe mit Sahne und einem Hauch Safran haben wir die Farbe der Tulpen aufgegriffen. Zu beiden Vorspeisen paßt das selbstgebackene, getrüffelte Weißbrot hervorragend. Es schmeckt am besten, wenn man es mit frischer Butter bestreicht und mit grobem Salz bestreut. Ein frisches Meterbrot vom Bäcker tut es auch, zumal die Trüffeln nicht viel mehr als ein optischer Gag sind.

Der Hauptgang ist ein mit einer schönen Honigkruste überzogenes Schweinskarree. Durch langes Marinieren erhält das Fleisch ein wundervolles Aroma. Die süß-sauren, in Butter glasierten Schalotten und das pikante Selleriepüree bilden dazu geschmacklich einen interessanten Kontrast. Beim Dessert vereinen sich eine weiße und eine dunkle Mousse au chocolat – beide sind recht gehaltvoll – mit dem leichten Blutorangensorbet zu einem köstlichen, süßen „Schlußakkord". Das Sorbet wird in einer großen, schön geformten Schale aus selbst hergestelltem Gebäck serviert.

Unser Menü im Januar wird aus sehr einfachen Zutaten zubereitet. Die Arbeit verteilt sich über mehrere Tage, kein Gericht ist wirklich aufwendig herzustellen. Alle Zutaten erhält man in hervorragender Qualität zu günstigen Preisen, einzige Ausnahme sind die Trüffeln.

Den Organisationsplan zu diesem Menü finden Sie auf Seite 172.

Zu unserem Menü im Bistrostil paßt ein Riesling von Mosel-Saar-Ruwer. Sie können zu den Vorspeisen auch problemlos Bier anbieten und zum Hauptgang einen kräftigen Rotwein, am besten einen Spätburgunder (Pinot Noir) aus Württemberg.

VARIATION

Feldsalat mit Speckwürfeln und gehacktem Ei
(Variation Seite 133)

*

Blutorangensorbet (Seite 138)

*

Schweinskarree gefüllt mit Backpflaumen in
Johannisbeersauce (Variation Seite 78), Kartoffelgratin
mit Roquefort (Variation Seite 147)

*

Weiße und dunkle Mousse au chocolat (Seite 139)
auf Himbeerkissel (Variation Seite 82)

*

Brandyrolls (Variation Seite 138)

Menü

Weißes und Gelbes vom Lauch
mit Vinaigrette, Ei- und Speckwürfeln
Trüffelbrot

Muschelsuppe au Bistro

Mariniertes Schweinskarree mit Honig glasiert
Süß-saure, glasierte Schalotten
Selleriepüree

Zweierlei Mousse au chocolat
Gebackener Korb mit Blutorangensorbet

TRÜFFELBROT

Für 2 Brote

für den Teig:

500 g Weizenmehl

½ Würfel frische Hefe

2 Döschen Trüffelschnitzel (à ca. 18 g Einwaage)

1½ TL Salz

zum Bestreichen:

1 Eigelb

Variation

Aus dem Teig lassen sich leicht **Kümmelbrötchen** backen. Dafür den Hefeteig mit ¼ l lauwarmer Milch, etwas Salz und 1 EL Zucker zubereiten. Aus dem Teig Brötchen in der Größe von Tischtennisbällen formen, sie mit 5 cm Abstand voneinander auf ein Blech legen und etwa 20 Minuten gehen lassen. Die Brötchen mit Eigelb bestreichen, in die Mitte jeweils ein Butterflöckchen drücken und etwas Kümmel darauf streuen. Die Kümmelbrötchen etwa 25 Minuten bei 200 °C backen.

Zubereitung am Vormittag des Einladungstags notwendig

1. Für den Hefeteig das Mehl in eine Schüssel sieben. In die Mitte eine Mulde drücken und die Hefe hineinbrökkeln. Das Trüffelwasser aus den Döschen mit Wasser auf ¼ l auffüllen und leicht erwärmen.
2. Die Hälfte der lauwarmen Flüssigkeit mit der Hefe und ein wenig Mehl in der Mulde zu einem dünnflüssigen Brei verrühren. Ein wenig Mehl vom Rand darüberstäuben und den Vorteig abgedeckt an einem warmen Ort (ca. 40 °C) etwa ¼ Stunde gehen lassen.
3. Die Trüffelschnitzel eventuell grob hacken. Nun den Vorteig mit dem Mehl in der Schüssel verkneten. Dabei die restliche lauwarme Flüssigkeit und das Salz hinzufügen und den Teig so lange kneten, bis er elastisch ist und sich leicht vom Schüsselboden löst.
4. Den Teig auf einer bemehlten Arbeitsfläche nochmals kräftig durchkneten, ihn dann in die Schüssel legen und abgedeckt an einem warmen Ort mindestens 2 Stunden lang gehen lassen.

Etwa 3 Stunden vor dem Servieren

5. Den Teig gut schlagen, ihn dann in zwei gleich große Teile schneiden und jeden zu einem schmalen Baguette, das so lang wie das Backblech sein soll, formen.
6. Ein Backblech mit Backtrennpapier auslegen, die beiden Brote in möglichst weitem Abstand voneinander darauf legen und ihre Oberfläche mit einem scharfen Messer in gleichen Abständen etwa 1 cm tief einritzen.
7. Die Trüffelschnitzel in die Einschnitte eines der Brote drücken, das Baguette, wenn nötig, nochmals formen und dann beide Brote abgedeckt an einem warmen Ort etwa ¼ Stunde gehen lassen. Den Backofen auf 250 °C vorheizen.
8. Den Ofen auf 200 °C herunterschalten, die Baguettes mit dem mit etwas Wasser verquirlten Eigelb bestreichen und etwa ¾ Stunden backen.

Vor dem Servieren

9. Die Baguettes etwa 5 Minuten vor dem Servieren zum Wärmen in den heißen Ofen legen. Die Brote in Scheiben schneiden, das Trüffelbrot zu den beiden Vorspeisen, das einfache Baguette zum Hauptgericht reichen.

Die Trüffelschnitzel in die Einschnitte im Brot drücken

Die Brote mit verquirltem Eigelb bestreichen

WEISSES UND GELBES VOM LAUCH MIT VINAIGRETTE, EI- UND SPECKWÜRFELN

Für 6 bis 8 Personen

für den Lauch:

12–16 daumendicke Lauchstangen

für die Vinaigrette:

1 Bund Schnittlauch

1 Schalotte

1 Knoblauchzehe

3 EL Weißweinessig

3 EL Walnußöl

3 EL neutral schmeckendes Öl

1 TL Senf

Salz

Pfeffer aus der Mühle

etwas Zucker

für die Garnitur:

1 hartgekochtes Ei

125 g Schinkenspeck

Zubereitung 1 Tag vorher möglich

1. Die Lauchstangen putzen, waschen und nur die hellen Teile der Stangen in 10 cm lange Stücke schneiden.
2. In einem großen, flachen Topf etwas Wasser aufkochen lassen und die Lauchstücke darin etwa 10 Minuten ziehen lassen, sie sollten noch bißfest und nicht zu weich sein. Die Lauchstücke aus dem Topf nehmen, abtropfen lassen und abgedeckt kalt stellen.
3. Für die Vinaigrette den Schnittlauch fein schneiden und die Schalotte fein würfeln. Von der Knoblauchzehe den Saft auspressen. Schnittlauch, Schalotte, Knoblauchsaft und alle anderen Zutaten für die Vinaigrette mit dem Schneebesen zu einer cremigen Sauce verschlagen.
4. Für die Garnitur das hartgekochte Ei in feine Würfel schneiden und kalt stellen. Den Speck sehr fein würfeln und in einer Pfanne zuerst bei geringer Hitzezufuhr, dann bei größerer Hitze kroß braten. Ihn ebenfalls kalt stellen.

Vor dem Servieren

5. Etwa 1 Stunde vor dem Servieren für jeden Gast zwei Lauchstücke auf einen Vorspeiseteller legen. Die Vinaigrette nochmals aufschlagen und die Lauchstücke mit 1 Eßlöffel davon überziehen. Das gehackte Ei und die Speckwürfel über den Lauch verteilen.

Variation

Servieren Sie **Feldsalat**, der in derselben Vinaigrette gewendet und mit gehacktem Ei und Speckwürfeln bestreut wird.

Vorspeise 133

MUSCHELSUPPE AU BISTRO

Für 6 bis 8 Personen

750 g Miesmuscheln

700 ml Kalbsfond (aus dem Glas)

100 g süße Sahne

100 g Crème fraîche

1 Briefchen Safranpulver

Salz

Pfeffer aus der Mühle

Variation
Servieren Sie die Muschelsuppe eisgekühlt.

Zubereitung 1 Tag vorher möglich

1. Die Muscheln gut abbürsten und die Bartfäden herausziehen, bereits geöffnete Muscheln entfernen. Den Kalbsfond erhitzen, die Muscheln hineingeben und bei geschlossenem Topf etwa 10 Minuten kochen lassen, bis die Muscheln geöffnet sind. Die Muscheln mit einem Schaumlöffel herausnehmen, solche, die sich nicht geöffnet haben, wegwerfen.
2. Die Kochflüssigkeit durch ein Mulltuch in einen zweiten Topf gießen. Das Muschelfleisch aus der Schale lösen, eventuell harte Teilchen entfernen, und die Muscheln zusammen mit etwas Kochflüssigkeit im Mixer pürieren.
3. Das Muschelpüree zu dem restlichen Kochfond gießen. 75 g Sahne und die Crème fraîche hineinrühren, alles aufkochen und etwa ½ Stunde bei geöffnetem Topf kochen lassen. Die Suppe mit Safranpulver, Salz und Pfeffer würzen, abkühlen lassen und abgedeckt kalt stellen.

Vor dem Servieren

4. Etwa ¼ Stunde vor dem Servieren die Suppe bei geringer Hitzezufuhr erwärmen. Zum Schluß die restlichen 25 g Sahne hineingießen. Die Suppe in Suppentassen füllen und sofort servieren. Eventuell etwas Trüffelbrot dazu anbieten.

SÜSS-SAURE, GLASIERTE SCHALOTTEN

Für 6 bis 8 Personen

1 kg Schalotten

2 EL Butter

2 EL brauner Zucker

½ l Weißwein

50 ml Weinessig

1 Zwiebel

1 Gewürznelke

1 Kräutersträußchen aus Thymian, Petersilie und 1 Lorbeerblatt

Schale von 1 unbehandelten Zitrone

Saft von ½ Zitrone

für das Glasieren:

1 EL Butter

Besondere Küchengeräte:
1 große Pfanne mit Deckel
1 Bräter

Zubereitung 1 Woche vorher notwendig

1. Die Schalotten pellen. Die Butter in einer großen Pfanne mit Deckel schmelzen und die Schalotten einige Minuten darin unter Wenden glasig dünsten. Den Zucker darüberstreuen, unter die Schalotten rühren und sie bei starker Hitzezufuhr leicht bräunen.
2. Die Hitzezufuhr danach drosseln, die Pfanne zudecken und die Schalotten 5 bis 10 Minuten schmoren. Den Wein und den Essig angießen und alles aufkochen lassen.
3. Die Schalotten mit der Kochflüssigkeit in einen Bräter umfüllen. Die Gewürznelke in die Zwiebel stecken und sie zusammen mit dem Kräutersträußchen in einen Mullappen binden. Den Beutel, die Zitronenschale und den Zitronensaft zu den Schalotten geben, die von Flüssigkeit eben bedeckt sein sollen. Eventuell noch etwas Wein angießen.
4. Die Schalotten zugedeckt bei geringer Hitzezufuhr etwa 1 Stunde köcheln lassen. Je langsamer die Schalotten garen, desto besser werden sie. Sie sollten wie gelackt aussehen, ohne zerkocht zu sein.
5. Die Schalotten in ein Sieb gießen und kurz abtropfen lassen. Den Mullbeutel und die Zitronenschale entfernen. Die Schalotten in ein Gefäß geben, es verschließen und die Schalotten durchziehen lassen.

Vor dem Servieren

6. Etwa ¼ Stunde vor dem Servieren die Schalotten noch einmal abtropfen lassen. Inzwischen die Butter in einer Pfanne erhitzen. Die Schalotten dazugeben, in der Butter schwenken und bei mittelstarker Hitzezufuhr etwa 10 Minuten glasieren. Die Schalotten um das Fleisch herum anordnen und alles sofort servieren.

Variation
Servieren Sie die glasierten Schalotten auch kalt auf einem Buffet zu Fleisch.

SELLERIEPÜREE

Für 6 bis 8 Personen

750 g geschälter Knollensellerie

300 g geschälte, mehligkochende Kartoffeln

400 ml Rinderbouillon oder Rinderfond (aus dem Glas)

200 g Crème fraîche

etwas Zitronensaft

Salz

Pfeffer aus der Mühle

Zubereitung 1 Tag vorher möglich

1. Den Sellerie und die Kartoffeln in gleich große Stücke schneiden und in der Rinderbouillon oder dem -fond gar kochen.
2. Die Kochflüssigkeit dann bis auf einen kleinen Rest abgießen und Sellerie und Kartoffeln mit dem Pürierstab pürieren. Die Crème fraîche mit dem Schneebesen unter das Püree schlagen und es mit etwas Zitronensaft, Salz und Pfeffer abschmecken. Das Püree abgedeckt kalt stellen.

Vor dem Servieren

3. Das Selleriepüree etwa 10 Minuten vor dem Servieren bei geringer Hitzezufuhr erwärmen und mit dem Schneebesen luftig aufschlagen. Das Püree zum Fleisch reichen oder, wenn alles auf Tellern angerichtet wird, es mit einem Spritzbeutel auf die Teller spritzen.

Hauptgericht

MARINIERTES SCHWEINS-KARREE MIT HONIG GLASIERT

Für 6 bis 8 Personen

1½ kg ausgelöstes Schweinskarree

für die Marinade:

1 Zwiebel

1 Möhre

1 dünne Scheibe Schinkenspeck

1 Lorbeerblatt

8 Pfefferkörner

8 Korianderkörner

5 EL Öl

¾ l Weißwein

für die Honigsauce:

1 EL Honig

1 EL Sherry

1 EL Essig

2 EL Sojasauce

etwas Olivenöl

für die Bratensauce:

1 Schuß Weißwein

200 ml Rinderfond (aus dem Glas)

1 Schuß Sherry

120 g eisgekühlte Butter in Flöckchen

etwas Zitronensaft

Salz

Pfeffer aus der Mühle

Besondere Küchengeräte:
1 Steingutform, in die das Fleisch paßt
1 Bräter

Vorbereitung 2 Tage vorher notwendig

1. Das Schweinskarree vom Metzger auslösen lassen. Die Zwiebel und die Möhre putzen und in Stücke schneiden. Auf dem Boden der Steingutform ein Bett aus Gemüse, Speckscheibe und den für die Marinade angegebenen Gewürzen bereiten.
2. Das Fleisch darauflegen und mit dem Öl übergießen. Den Weißwein angießen, das Fleisch muß bedeckt sein. Das Ganze kalt stellen und das Fleisch jeden Tag wenden.

Etwa 2 Stunden vor dem Servieren

3. Den Backofen auf 250°C vorheizen. Für die Honigsauce den Honig, den Sherry, den Essig, die Sojasauce und einen Schuß Olivenöl in einen Topf geben und erhitzen.
4. Das Fleisch und das Gemüse aus der Marinade nehmen, das Gemüse in den Bräter legen, einen Schuß Weißwein darübergießen und das Fleisch darauf legen. Die Oberseite des Fleisches mit ein wenig Honigsauce bepinseln.
5. Den Ofen auf 200 °C herunterschalten. Den Bräter in den Ofen stellen und das Fleisch im offenem Topf in etwa 40 Minuten garen. Es währenddessen viermal mit Honigsauce bepinseln.
6. Den Bräter aus dem Ofen nehmen, das Fleisch in doppelte Alufolie einpacken und ruhen lassen. Nun den Rinderfond zum Gemüse in den Bräter gießen und alles aufkochen lassen. Den Saucenfond durch ein Sieb gießen, dabei das Gemüse gut ausdrücken und anschließend wegwerfen.
7. Den Saucenfond etwa 5 Minuten einkochen lassen, dann einen Schuß Sherry dazugeben und die kalte Butter mit dem Pürierstab darunterschlagen. Die Sauce mit etwas Zitronensaft, Salz und Pfeffer abschmecken.

Vor dem Servieren

8. Den Backofen auf 200°C vorheizen. Das Fleisch etwa ¼ Stunde vor dem Servieren auspacken, noch einmal mit Honigsauce bepinseln und für 10 Minuten in den heißen Ofen schieben. Inzwischen die Sauce bei geringer Hitzezufuhr erwärmen.
9. Das Fleisch mit dem elektrischen Messer in dünne Scheiben schneiden, auf eine Servierplatte legen und die glasierten Schalotten rundum anordnen. Die Sauce in eine vorgewärmte Sauciere füllen.

Tip
Der fertige Braten sieht durch das Bepinseln wie gelackt aus. Je öfter Sie das Bepinseln wiederholen, um so schöner wird die Kruste. Der Bratenfond erhält erst durch die Honigsauce seinen charakteristischen Geschmack.

Variation
Sie können das Schweinskarree auch, ohne es vorher zu marinieren, nach diesem Rezept zubereiten.

Hauptgericht 137

GEBACKENER KORB MIT BLUTORANGENSORBET

Für 6 bis 8 Personen

für den Gebäckkorb:

125 g Butter

125 g Zucker

125 heller Zuckerrohrsirup (fertig erhältlich)

4 EL Orangenlikör

abgeriebene Schale von ½ unbehandelten Orange

Saft von ½ Zitrone

125 g Weizenmehl

für das Sorbet:

¾ l frisch gepreßter Blutorangensaft

340 g Zucker

1 EL Eiweiß

für die Garnitur:

1 Blutorange

Besondere Küchengeräte:
1 planes Backblech
1 Schüssel mit einem Boden von 10 cm ∅

Zubereitung 1 Woche vorher möglich

1. Die Butter, den Zucker und den Sirup in einen Topf geben und alles unter Rühren leicht erwärmen, der Zucker sollte aufgelöst sein. Den Topf vom Herd nehmen und den Orangenlikör, die Orangenschale und den Zitronensaft in die Buttermischung rühren. Zuletzt das Mehl rasch darunterfmischen und den Teig einige Minuten ruhen lassen.
2. Den Backofen auf 190°C vorheizen. Ein Backblech mit Backtrennpapier auslegen und den Teig darauf zu einem blechgroßen, etwa 3 mm dicken Kreis ausstreichen. Je nach Blechgröße kann Teig übrigbleiben.
3. Das Blech in den Ofen schieben und die Teigplatte 10 bis 15 Minuten backen. Sie soll in der Mitte hellbraun und am Rand mittelbraun sein.
4. Inzwischen in die Schüssel einen 30 x 30 cm großen Bogen Alufolie so hineinlegen, daß der Boden bedeckt ist und die Folie an den Seitenwänden in großen, lockeren Falten hochsteht.
5. Das Gebäck aus dem Ofen nehmen und auf dem Blech ein wenig abkühlen lassen. Die Teigplatte ist durch den Sirup zäh und biegbar, und es dauert verhältnismäßig lang, bis sie hart ist. Wird sie zu früh bewegt, fällt die Platte in sich zusammen!
6. Ist die Teigplatte soweit abgekühlt, daß man sie anfassen kann, sie zusammen mit dem Backtrennpapier an allen vier Ecken des Papiers vom Blech heben und vorsichtig in die ausgelegte Schüssel drücken. Der Boden muß gerade sein. An den Wänden soll der Teig die Falten der Alufolie nachformen. Den geformten Gebäckkorb in der Schüssel auskühlen lassen.
7. Den kalten Gebäckkorb vorsichtig wieder an den Ecken des Papiers aus der Schüssel heben und erst dann das Backtrennpapier abziehen. Den Korb an einen sicheren Ort stellen.
8. Für das Sorbet den Blutorangensaft in einen Mixer gießen. 200 ml Wasser zusammen mit dem Zucker aufkochen und genau 5 Minuten zu einem Sirup einkochen lassen. Den Sirup zu dem Orangensaft gießen und das Eiweiß hinzufügen.
9. Das Gemisch gut durchmixen. In eine Sorbetmaschine füllen und etwa ½ Stunde lang rühren lassen. Das Sorbet in einem Behälter ins Gefrierfach stellen.

Etwa 3 Stunden vor dem Servieren

10. Mit einem Eiskugelausstecher das Sorbet zu Kugeln formen. Sie unverpackt auf einem Teller in das Gefrierfach stellen (kleinste Kühlstufe einstellen).
11. Für die Dekoration die Schale der Blutorange abschneiden und die Frucht in Scheiben schneiden.

Vor dem Servieren

12. Den Gebäckkorb mit den Sorbetkugeln füllen und mit den Orangenscheiben dekorieren. Die helle und die dunkle Mousse au chocolat extra dazu reichen.

Den Teig zu einem blechgroßen Kreis ausstreichen

Eine Schüssel mit Alufolie auskleiden

Variation

Sie können aus dem Teig auch englische **Brandyrolls** backen. Nehmen Sie dann statt des Orangenlikörs Weinbrand und geben den Teig in kleinen Häufchen (1 TL voll) mit weitem Abstand voneinander auf ein mit Butter ausgefettetes Blech. Die Plätzchen 8 bis 10 Minuten backen, die Häufchen laufen dabei zu etwa 5 cm großen Kreisen auseinander. Sie abkühlen kassen, noch warm um einen mit Butter eingefetteten Holzstab rollen und abkühlen lassen. Sie können die Brandyrolls ungefüllt servieren oder mit etwas Weinbrand aromatisierte, geschlagene Sahne hineinspritzen.

ZWEIERLEI MOUSSE AU CHOCOLAT

Für 6 bis 8 Personen

für die weiße Mousse:

100 g weiße Schokolade

2 Eigelb

60 g weiche Butter

200 g süße Sahne

2 Tropfen Bittermandelöl oder 1 Msp. Zimt oder Pfefferkuchengewürz

für die dunkle Mousse:

200 g Halbbitterschokolade

3 EL Kaffee oder Wasser

4 Eigelb

2 EL Zucker

250 g süße Sahne

2 Eiweiß

Besonderes Küchengerät: Simmertopf oder Wasserbad

Zubereitung 2 Tage vorher notwendig

1. Für die weiße Mousse Wasser in einem Simmertopf aufkochen lassen oder eine Schüssel in ein heißes Wasserbad hängen. Den Topf vom Herd ziehen, die weiße Schokolade in Stückchen brechen und darin schmelzen lassen. Die Schokolade darf nicht zu heiß werden, sonst wird sie krümelig.
2. Inzwischen die Eigelbe zu einer dicken Creme aufschlagen und nach und nach die Butter darunterschlagen. Die geschmolzene Schokolade in die Eigelb-Butter-Masse rühren.
3. Die Sahne steif schlagen und vorsichtig unter die Schokoladenmasse heben. Die Mousse mit einem der Gewürze abschmecken und abgedeckt kalt stellen.
4. Für die dunkle Mousse die Schokolade in den Kaffee oder Wasser schmelzen. Die Eigelbe mit dem Zucker schaumig schlagen und unter die Schokolade rühren. Die steif geschlagene Sahne und zuletzt den Eischnee darunterheben. Die dunkle Mousse ebenfalls kalt stellen.

Vor dem Servieren

5. Die beiden Mousse in einer Schüssel anrichten oder mit einem Eßlöffel abstechen und auf Tellern servieren.

Variation

Kombinieren Sie die weiße und die dunkle Mousse mit anderen Sorbets oder servieren Sie dazu ein Früchtecoulis (Seite 27, 36 oder 105) und frische Beeren.

Tip

Sollte die weiße Schokolade beim Schmelzen doch krümelig geworden sein, lassen Sie 1 Blatt weiße Gelatine etwa 10 Minuten in kaltem Wasser quellen, lösen es dann in etwas heißem Wasser auf und rühren es gleichmäßig unter die Schokolade.

Das Menü im Februar
Die Karnevalsfarben Rot und
Weiß bestimmen die Tischdekoration. Auch in den Speisen
tauchen sie immer wieder auf

MASKERADE IN ROT-WEISS

DER TISCH

Der Karneval brachte uns auf die Idee, die Farben Rot und Weiß sowohl in den Speisen unseres Menüs als auch in der Tischdekoration konsequent wiederkehren zu lassen.
Ein Blumenstilleben, ganz in Weiß, schmückt den Tisch. Herrliche weiße Sommerblüten aus Stoff, zum Beispiel Gladiolen, Rosen, Margeriten und Flox, sind von den echten Blüten des Flieders, der Freesien, der Anemonen und der Tulpen kaum zu unterscheiden. Bezaubernd wirkt der Schneeball, den Sie am besten schon eine Woche im voraus im Blumenladen bestellen, damit er am Tag der Einladung voll aufgeblüht ist.
Der Tisch ist mit einer weinroten Lackfolie gedeckt, die bis auf den Boden reicht. Auf ihr wirkt das alte, weiße Porzellan mit dem feinen roten Rand besonders schön.
Unser Motto für die Einladung im Februar ist ganz leicht zu verwirklichen, und es sind viele Variationen denkbar. Wie wäre es zum Beispiel, wenn jeder Gast etwas Rotes oder Weißes für die Tischdekoration mitbringt oder sich alle Gäste in den Farben kleiden? Auch andere Farbkombinationen als Rot-Weiß sind vorstellbar. Extravagant wirkt beispielsweise Schwarz-Weiß. Scheuen Sie sich dann nicht für die Tischdekoration, die Kelche weißer, kurzstieliger Tulpen außen mit schwarzer Farbe zu besprühen. Die Blütenkelche öffnen sich bei Wärme – und Ihre Gäste werden staunen.

DAS MENÜ

Als kleine Vorspeise sind die Matjes in Sahne gedacht. Pro Person wird ein halbes Matjesfilet längs in schmale Streifen geschnitten und wie ein Krönchen auf jeden Teller gelegt. In die Sahne setzt man drei Kleckse Preiselbeerpüree, die dann für den gewünschten Farbkontrast sorgen. Mit einem einfachen Trick kann man die Kleckse in eine hübsche Dekoration verwandeln.
Für den Borschtsch, der mit roten Beten gekocht wird, verwenden wir nur die klare, tiefrot gefärbte Rinderbrühe und geben einige Krabben und einen kleinen Zweig Dill hinein. Wenn man möchte, kann man saure Sahne dazu servieren, und jeder Gast nimmt sich selbst ein wenig davon in seine Suppe. Zum Borschtsch werden mit Speck und gedünsteten Zwiebeln gefüllte Piroggen gereicht.
Zum Hauptgang gibt es Roastbeef mit zwei weißen Beilagen: große weiße Champignonköpfe, die mit einer sahnigen Estragonmischung gefüllt sind, und ein klassisches Gratin aus rohen Kartoffelscheiben, die mit einer Sahnemischung übergossen und im Ofen gegart werden.
Im darauf folgenden Zwischengang sind Salat und Käse kombiniert. Weißer Chicorée und roter Radicchio werden am Tisch mit einer Sauce aus Roquefort, Sahne und Walnüssen gemischt.

Ein wunderbar leichtes Dessert mit herrlichen Farben ist der Salat aus Blutorangenscheiben. Sie liegen in einer flachen Glasschüssel mit breitem Rand, die vorher mit Puderzucker überstäubt wird. Dazu gibt es ein heißes, cremiges Chaudeau, das mit Orangenlikör aromatisiert ist.
Dazu werden winzige, rot-weiße Petits fours gereicht.
Obwohl das Beachten der Farben gewisse Grenzen setzt, sind die Gerichte dieses Menüs sehr abwechslungsreich. Die Vorarbeiten lassen sich gut auf mehrere Tage verteilen, dennoch muß man am Vormittag des Einladungstages noch einige Zeit in der Küche stehen. **Den Organisationsplan zu diesem Menü finden Sie auf Seite 173.**
Als Weine empfehlen wir zur Vorspeise einen trockenen Riesling aus dem Elsaß und zum Hauptgang einen italienischen Rotwein aus der Toskana. Wählen Sie entweder einen Chianti Classico oder, wenn möglich, einen Tignanello, ein den Bordeauxweinen nachempfundener, leichter Rotwein.

VARIATIONEN

Dorade en papillote nur mit Tomaten (Seite 77)

✳

Klarer Borschtsch (Seite 145)

✳

Roastbeef (Seite 149)
mit gratiniertem Chicorée
(Variation Seite 125)

✳

Salat von Champignons, Paprika und roten Blattsalaten
(Variation Seite 150)

✳

Amarettoeis mit Kirschsauce (Seite 27)
und Mandelbrot (Seite 49)

„Menü Schwarz-Weiß"

Blini mit Crème fraîche und Kaviar (Seite 110)

✳

Pollo tonnato mit schwarzen Oliven (Variation Seite 54)

✳

Filets von Seezungen en papillote mit Chinesischen Pilzen
(Variation Seite 77)

✳

Weiße und dunkle Mousse au chocolat (Seite 139) mit
Armagnacpflaumen

Menü

Matjes in Sahne

Klarer Borschtsch mit Hummerkrabben,
Dill und Sahne
Piroggen

Roastbeef mit gefüllten weißen Pilzen
Gratin dauphinois

Rot-weißer Salat von Chicorée
und Radicchio mit Roquefortsauce

Überglänzter Salat von Blutorangen
Chaudeau
Rot-weiße Petits fours

MATJES IN SAHNE
(Gitas und Malus Fastenspeise)

Für 6 Personen

3 Matjesfilets

für die Sauce:

300 g Crème fraîche

300 g saure Sahne

100 g süße Sahne

für die Garnitur:

1 mittelgroßes Glas Preiselbeerkompott

Zubereitung 1 Tag vorher möglich

1. Die Matjesfilets, je nachdem wie dick sie sind, längs in drei oder vier fingerdicke Streifen schneiden und abgedeckt kalt stellen.
2. Für die Sauce die Crème fraîche mit der sauren und der süßen Sahne verrühren. Für die Garnitur die Hälfte des Preiselbeerkompotts mit dem Pürierstab pürieren und anschließend durch ein Sieb streichen.

Etwa 3 Stunden vor dem Servieren

3. Jeweils zwei bis drei Matjesstreifen übereinander zu einem Rund in die Mitte der Teller legen. Die Enden des oben liegenden Streifens über Kreuz legen, so daß ein Krönchen entsteht.
4. Die Sahnesauce um die Matjes herum als Spiegel auf die Teller geben. Drei Kleckse Preiselbeerpüree auf dem Sahnespiegel verteilen und die Spitze eines Holzstäbchens in einem Schwung durch Sahne und Püree ziehen. Dadurch entsteht die Marmorierung.
5. Zum Schluß das restliche Preiselbeerkompott in die Mitte auf die Matjeskrönchen verteilen.

KLARER BORSCHTSCH MIT HUMMERKRABBEN, DILL UND SAHNE

Für 6 Personen

für den Borschtsch:

½ Stange Lauch

1 Zwiebel

1 Knoblauchzehe

1 Petersilienwurzel

3 Gewürznelken

500 g Ochsenschwanz oder Suppenfleisch mit Knochen

1 EL Margarine

3 kleine Rote Bete-Knollen (500 g)

Salz

Pfeffer aus der Mühle

etwas Zitronensaft

etwas zerdrückter Knoblauch

Zubereitung 1 Tag vorher möglich

1. Lauch, Zwiebel, Knoblauchzehe und Petersilienwurzel waschen und putzen. Die Gewürznelken in die Zwiebel stecken, das andere Gemüse in Stücke schneiden.
2. Den Ochsenschwanz oder das Suppenfleisch in einem großen Topf in der Margarine anbraten. Das Suppengemüse dazugeben und alles rundrum so lange kräftig anbraten, bis es schön braun ist.
3. Etwa 1½ l Wasser angießen und die Suppe etwa 3 Stunden bei nicht ganz geschlossenem Deckel köcheln lassen.
4. Zwei Rote-Bete-Knollen schälen, in Stücke schneiden und nach 2 Stunden Garzeit zur Suppe geben. Die Suppe durch ein feines Sieb gießen und mit Salz, Pfeffer, etwas Zitronensaft und zerdrücktem Knoblauch abschmecken.
5. Die restliche Rote-Bete-Knolle schälen, zu einer Spirale schneiden und diese verschlossen aufbewahren.

Vor dem Servieren

6. Etwa ¼ Stunde vor dem Servieren die Suppe bei geringer Hitzezufuhr erwärmen. Dabei die Rote-Bete-Spirale hineinhängen, die der Suppe eine kräftig rote Farbe gibt. Die Spirale anschließend wegwerfen. In jede Suppentasse ein bis zwei Hummerkrabben und einige Dillzweige geben und mit der heißen Brühe auffüllen. Die saure Sahne glattrühren und wie die Piroggen extra dazu reichen.

für die Einlage:

6–12 ausgelöste Hummerkrabben

½ Bund Dill

150 g saure Sahne

Tip
Es ist wichtig, daß die Bouillon langsam gart und der Deckel währenddessen leicht geöffnet bleibt. So kann der Dampf entweichen, und die Brühe bleibt klar.

PIROGGEN

Für ca. 35 Stück

für den Teig:

125 g Mehl

125 g Butter

für die Füllung:

100 g durchwachsener Speck

3 Zwiebeln (ca. 100 g)

½ TL Zucker

zum Bestreichen:

1 Eiweiß

1 Eigelb

etwas Milch

Fett für das Blech

Zubereitung 3 Tage vorher möglich, 1 Tag vorher notwendig

1. Das Mehl auf eine Arbeitsfläche sieben, die Butter, 1½ Eßlöffel Wasser und eine Prise Salz dazugeben und alles rasch zu einem glatten Teig verkneten. Den Teig zu einer Kugel formen und abgedeckt über Nacht im Kühlschrank ruhen lassen.
2. Für die Füllung den Speck und die Zwiebeln sehr fein würfeln und beides bei geringer Hitzezufuhr und unter ständigem Rühren dünsten. Etwas Zucker dazugeben und alles abkühlen lassen.
3. Am nächsten Tag den Teig sehr dünn ausrollen und mit einem Wasserglas (ca. 6 cm ⌀) etwa 35 Kreise ausstechen. Die Ränder mit Eiweiß bestreichen.
4. In die Mitte jeweils ½ Teelöffel Speck-Zwiebel-Mischung geben und die Kreise zusammenklappen. Die Ränder mit einer Gabel gut andrücken. Den Backofen auf 200°C vorheizen.
5. Das Eigelb mit etwas Milch verquirlen und die Teigtaschen damit bestreichen. Die Piroggen auf ein gefettetes Backblech legen, es auf die zweite Schiene von unten in den Ofen schieben und die Piroggen etwa 20 Minuten backen, bis sie hellgelb sind. Sie dann auskühlen lassen, in eine Dose legen und diese gut verschließen.

Vor dem Servieren

6. Etwa 20 Minuten vor dem Servieren den Backofen auf 200°C vorheizen. Die Piroggen darin 5 bis 10 Minuten aufbacken und warm zum Borschtsch servieren.

Auf jeden Teigkreis etwas Füllung geben

Die Teigkreise zusammenklappen, die Ränder andrücken

GRATIN DAUPHINOIS

Für 6 Personen

12 mittelgroße mehligkochende Kartoffeln

Butter für die Form

Salz

Pfeffer aus der Mühle

100 g geriebener Hartkäse (kein Parmesan)

100 g süße Sahne

100 g Crème fraîche

eventuell etwas Milch zum Aufgießen

Besonderes Küchengerät: 1 flache große Gratinform

Zubereitung 3 Stunden vorher möglich

1. Die Kartoffeln schälen und in sehr dünne Scheiben schneiden. Den Backofen auf 160 °C vorheizen. Eine Gratinform mit Butter ausfetten.
2. Die Kartoffelscheiben in mehreren Lagen in die Form schichten. Jede Schicht mit Salz und Pfeffer würzen und mit ein wenig Käse bestreuen.
3. Die Sahne und die Crème fraîche verquirlen und über die Kartoffelscheiben gießen. Sollten die Kartoffeln noch nicht bedeckt sein, noch etwas Milch angießen. Zum Schluß den restlichen Käse darüberstreuen.
4. Die Form in den Ofen stellen und das Gratin in etwa 1 Stunde garen. Es ist fertig, wenn alle Flüssigkeit von den Kartoffeln aufgesogen ist.

Vor dem Servieren

5. Etwa 20 Minuten vor dem Servieren den Backofen auf 200 °C vorheizen und das Gratin darin erwärmen.

Variationen

Für ein **Kartoffelgratin mit Butter** wird über die eingeschichteten rohen Kartoffelscheiben etwa 100 g geklärte, flüssige Butter gegossen. Das Ganze dann mit Salz und Pfeffer würzen und das Gratin in etwa 1 Stunde bei 200 °C im Ofen garen.

Für ein **Kartoffelgratin mit Roquefort** werden 100 g Roquefortkäse mit einer Gabel zerdrückt und mit 100 g geklärter Butter vermischt. Die Creme wird über die rohen Kartoffelscheiben verteilt. Man backt das Gratin wie in der ersten Variation angegeben.

EINGELEGTE ESTRAGONBLÄTTER

Für 1 kleines Glas

2 Bund frischer Estragon

Weißweinessig (Menge nach Größe des Glases abmessen)

Zubereitung einige Monate vorher möglich, 1 Woche vorher notwendig

1. Den Estragon waschen, trockentupfen und die Blätter von den Stielen zupfen. Die Blätter in ein kleines, vakuumverschließbares Glas schichten.
2. Den Essig erwärmen, so daß er lauwarm ist, und ihn dann über die Blätter gießen. Das Glas soll bis zum Rand gefüllt sein. Das Glas fest verschließen. Die eingelegten Estragonblätter lassen sich monatelang aufbewahren.

Eingelegte Estragonblätter werden für die gefüllten Pilze benötigt.

Verwendung und Variation

Die Blätter kleinschneiden und Speisen und Saucen damit würzen. Sie können auch andere frische Kräuter, wie zum Beispiel **Basilikum** oder **Dill**, auf diese Art einlegen. Übrigens erhält auch der Essig ein sehr intensives Aroma und eignet sich wundervoll zum Würzen.

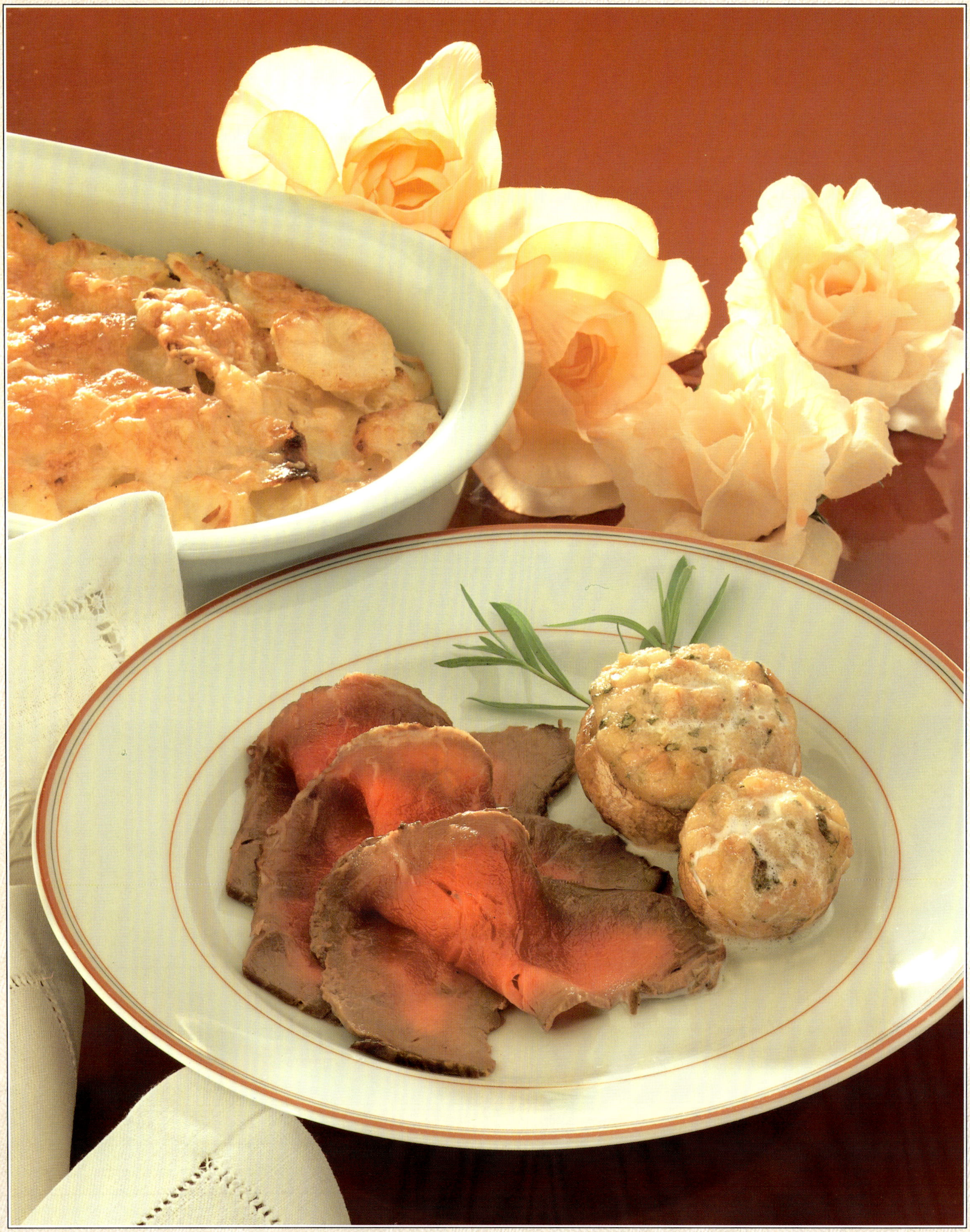

ROASTBEEF

Für 6 Personen

1 Knoblauchzehe

Senf

3 EL Öl

Pfeffer aus der Mühle

1,5 kg gut abgehangenes Roastbeef (ca. 8 cm dick)

Vorbereitung 1 Tag vorher möglich
1. Die Knoblauchzehe zerdrücken und zusammen mit dem Senf, dem Öl und Pfeffer zu einer Paste verrühren. Das Roastbeef damit rundum einreiben. Das Fleisch in Alufolie wickeln und kalt stellen. 1 Stunde vor der Zubereitung aus dem Kühlschrank nehmen.

Etwa 2 Stunden vor dem Servieren
3. Den Backofen auf 250°C vorheizen. Das Fleisch aus der Folie nehmen, auf ein Backblech legen und dieses auf die zweite Schiene von unten in den Backofen schieben.
4. Das Fleisch etwa 40 Minuten (siehe dazu auch den Tip) braten, es sollte innen noch rosarot sein. Wenn es fertig gebraten ist, herausnehmen, den Braten in Alufolie wickeln und ruhen lassen, damit es beim Aufschneiden nicht ausblutet.

Vor dem Servieren
5. Etwa ¼ Stunde vor dem Servieren das Fleisch in der Folie im Ofen wärmen. Es dann mit einem elektrischen Messer in ½ cm dicke Scheiben schneiden, auf eine Platte legen und zusammen mit den gefüllten Pilzen und dem Gratin dauphinois servieren.

Tip
Für die Berechnung der **Bratzeit** kommt es weniger auf das Gewicht als auf die Dicke des Fleischstückes an. Für ein Roastbeef, das innen noch rosarot ist, muß man pro 1 cm Fleischdicke 5 Minuten Bratzeit rechnen. Soll es ganz durchgebraten sein, rechnet man 8 Minuten.

GEFÜLLTE WEISSE PILZE

Für 6 Personen

7 große weiße Champignons (bei kleineren 14)

für die Füllung:

1 Zwiebel

1 TL eingelegte Estragonblätter (Seite 147)

1 EL Butter

125 g süße Sahne

1½ EL Crème fraîche

für die Garnitur:

100 g süße Sahne

Vorbereitung 1 Tag vorher möglich
1. Die Haut von 6 (bei kleineren von 12) Pilzköpfen abziehen, die Stiele herausdrehen und beiseite legen. Die Pilze luftdicht verschlossen kühl stellen.
2. Für die Füllung den restlichen Champignon (bei kleineren die zwei restlichen) und die Stiele fein hacken. Die Zwiebel fein würfeln und die eingelegten Estragonblätter hacken. Alles in der Butter andünsten.
3. Die Sahne dazugießen und auf die Hälfte einkochen lassen. Sobald eine homogene Masse entsteht, die Crème fraîche hineinrühren. Nach Belieben jetzt noch einige Estragonblätter dazugeben. Die Masse luftdicht verschlossen kalt stellen.

Vor dem Servieren
4. Etwa ¼ Stunde vor dem Servieren die Pilzköpfchen mit der Estragonmasse füllen, auf ein Blech geben und in etwa 10 Minuten im 200°C heißen Ofen garen. Inzwischen die Sahne steif schlagen. Die Pilze auf eine Platte setzen, jeweils 1 Eßlöffel Sahne auf jeden Pilz geben und sie sofort servieren.

Variation
Füllen Sie die Champignonköpfe mit einer **Knoblauch-Petersilien-Farce**. Dafür 4 Zehen Knoblauch hacken und zusammen mit den gehackten Pilzstielen und den Zwiebelwürfeln dünsten. Die Sahne dazugießen, einkochen lassen und mit Crème fraîche verfeinern. 1 Bund Petersilie fein hacken und darunterrühren.

Hauptgericht 149

ROT-WEISSER SALAT VON CHICORÉE UND RADICCHIO MIT ROQUEFORTSAUCE

Für 6 Personen

für den Salat:

3 Stauden Chicorée

2 Köpfe Radicchiosalat

100 g frische Walnußkerne

Vorbereitung 1 Tag vorher möglich

1. Die bitteren Strünke der Chicoréestauden keilförmig herausschneiden und die Blätter ablösen. Sie vorsichtig waschen und trockentupfen. Den Radicchio waschen, die Blätter ebenfalls ablösen und trockentupfen. Beide Salate in ein feuchtes Tuch einschlagen und kühl stellen.
2. Für die Sauce den Roquefort mit einer Gabel zerdrücken und mit dem Zitronensaft, der Sahne und dem ausgepreßten Saft der halben Knoblauchzehe zu einer glatten Sauce verrühren. Sie mit Salz, Pfeffer und einer Prise Zucker abschmecken.

Vor dem Servieren

3. Den Salat etwa 5 Minuten vor dem Servieren in mundgerechte Stücke schneiden. Die Walnüsse und die Sahne über den Salat geben und darunterheben.

für die Sauce:

30 g Roquefortkäse

Saft von ½ Zitrone

125 g süße Sahne

½ Knoblauchzehe

Salz

Pfeffer aus der Mühle

1 Prise Zucker

Variation
Bereiten Sie mit derselben Sauce einen **Salat von rohen Champignons, rotem Paprika und roten Blattsalaten,** zum Beispiel Radicchio, Lollo rosso, roter Kopfsalat, zu. Die Pilze werden dafür in dünne Scheiben, die Paprikaschote in feine Streifen geschnitten.

ÜBERGLÄNZTER SALAT VON BLUTORANGEN

Für 6 Personen

für den Salat:

8 kleine Blutorangen

1 kleines Glas Blutorangengelee oder Johannisbeergelee (Seite 160)

für die Schüssel:

etwas Butter

etwas Puderzucker

Besonderes Küchengerät:
1 große, flache Schüssel

etwa 3 Stunden vor dem Servieren

1. Sowohl die feste äußere Schale als auch die weiße Haut der Orangen sorgfältig abschneiden. Die Früchte dann mit einem scharfen Messer in nicht zu dünne Scheiben schneiden. Die Kerne herausnehmen, die Endstücke der Orangen nicht verwenden.
2. Eine große flache Schüssel – wenn vorhanden, aus Glas – dünn mit Butter ausfetten und mit Puderzucker bestäuben. Die Blutorangenscheiben in die Schüssel schichten.

Vor dem Servieren

3. Den Gelee etwa 10 Minuten vor dem Servieren erwärmen. Den flüssigen Gelee über die Orangenscheiben ziehen, so daß sie schön glänzen.

Tip
Es ist wichtig, die Orangen erst in letzter Minute mit dem flüssigen Gelee zu überziehen. Geschieht dies früher, ziehen die Orangen Saft.

CHAUDEAU
(Warme Weinschaumsauce)

Für 6 Personen

3 Eigelb

200 ml Weißwein

Zucker nach Geschmack

1 Schuß Orangenlikör

1 Prise Salz

Vor dem Servieren

1. Etwa ¼ Stunde vor dem Servieren die Eigelbe und den Weißwein in den Aufsatz für das Wasserbad oder in den Simmertopf geben. Das Ganze unter ständigem Schlagen mit dem Schneebesen erwärmen und so lange schlagen, bis die Masse dicklich wird. Sie darf nicht kochen!
2. Die Creme mit Zucker, einer Prise Salz und einem Schuß Orangenlikör abschmecken und sofort servieren. Den überglänzten Blutorangensalat und die Petits fours dazu reichen.

Variationen
Für ein **Champagner-Chaudeau** anstatt des Weißweins und des Orangenlikörs Champagner verwenden. Man kann dieses Chaudeau warm oder kalt servieren.
Für ein **Chaudeau au Sherry** 100 ml Sherry mit 100 ml Weißwein vermischen und mit den Eigelben verschlagen. Dieses Chaudeau nur mit Zucker und einer Prise Salz abschmecken.

ROT-WEISSE PETITS FOURS

Für etwa 45 Stück

für den Teig:

150 g weiche Butter

150 g Zucker

150 g Mehl

3 zimmerwarme Eier (150 g)

für die Füllung:

1 Glas Johannisbeergelee (Seite 160)

100 g Marzipanrohmasse

für den weißen Guß:

80 g Puderzucker (1 Tasse)

½ Eiweiß

etwa 1 EL Zitronensaft

für den roten Guß:

80 g Puderzucker (1 Tasse)

etwa 1 EL Blutorangensaft

evtl. 2 Tropfen rote Lebensmittelfarbe

für die Garnitur:

kandierte Blüten oder Zuckerfrüchte (Seite 161)

Variation
Statt als Dessert kann man **größere Petits fours** auch zum Nachmittagskaffee anbieten. Dafür werden die gebackenen Teigplatten statt halbiert in vier Teile geschnitten, so daß später acht Schichten entstehen (siehe kleine Fotos rechts).

Zubereitung 3 Tage vorher möglich

1. Nach dem Gewicht der Eier die Mengen von Butter, Zucker und Mehl abmessen. Die Butter mit dem Zucker verrühren und das Mehl und die Eier nach und nach hinzufügen. Den Teig für etwa ½ Stunde kühl stellen.
2. Den Backofen auf 200°C vorheizen. Ein Backblech (40 x 44 cm) mit Backtrennpapier auslegen und die Hälfte des Teiges gleichmäßig auf das ganze Blech streichen. Es auf die zweite Schiene von unten in den Ofen schieben und den Teig in etwa 3 Minuten backen. Er sollte hellgelb sein.
3. Die Teigplatte sofort nach dem Backen halbieren, die beiden Hälften auf ein Brett stürzen und das Backtrennpapier abziehen. Das noch heiße Gebäck mit Gelee bestreichen und die Platten aufeinanderlegen.
4. Das Marzipan auf einer mit Puderzucker bestäubten Arbeitsplatte in der Größe einer Gebäckplatte ausrollen, auf die oben liegende Platte legen und ebenfalls mit Gelee bestreichen.
5. Mit der zweiten Hälfte des Teiges wie mit der ersten verfahren. Die bestrichenen Teigplatten auf die Marzipanschicht legen, die oberste Platte mit der bestrichenen Seite nach unten.
6. Das aus vier Schichten bestehende Gebäck in etwa 2 x 2 cm große Quadrate schneiden und die Würfel auf ein Kuchengitter setzen.
7. Für den weißen Guß den Puderzucker sieben und mit dem Schneebesen des Handrührgeräts zusammen mit dem halben Eiweiß so lange aufschlagen, bis eine dickliche Creme entsteht. Den Zitronensaft hinzufügen.
8. Für den roten Guß den Puderzucker mit dem Blutorangensaft glattrühren und eventuell zusätzlich etwas rote Lebensmittelfarbe daruntermischen.
9. Die Petits fours mit dem weißen und dem roten Guß überziehen. Nach Belieben mit kandierten Blüten und Blättern (Seite 161), zum Beispiel Veilchen, Rosen-, Minze- oder Zitronenmelisseblättchen, im Sommer mit Zuckerfrüchten (Seite 161) verzieren.
10. Die Petits fours trocknen lassen und zusammen mit Kaffee anbieten. Man kann das Gebäck in einer gut verschlossenen Keksdose 1 bis 2 Wochen lang aufbewahren.

Für große Petits fours jede Teigplatte vierteln

Die bestrichenen Platten aufeinanderlegen, die oberste mit der Geleeseite nach unten

Die Petits fours mit Zuckerguß überziehen

Dessert

FÜR DEN EMPFANG

Amuses gueules, Gaumenfreuden, heißen die kleinen Häppchen, die man zum Empfang der Gäste anbieten kann. Aber nicht nur dafür sind sie ideal, denn Amuses gueules lassen sich auch gut als winzige Vorspeise vor einem Menü servieren. Sie sättigen nicht, sondern stimmen Gaumen und Magen auf folgende kulinarische Genüsse ein.

Bevor man seine Gäste zu Tisch bittet, sollte man ½ Stunde Zeit für ein zwangloses Beisammensein einräumen. Nicht alle Gäste kommen pünktlich, und ein Empfang bietet die Möglichkeit, daß sich bereits eingetroffene Gäste bei einem Glas Sekt oder Champagner und einigen kleinen Appetithäppchen unterhalten können.

Und außerdem bleibt den Gastgebern Zeit für letzte Vorbereitungen in der Küche.

Wir haben Ihnen auf diesen beiden Seiten einige Rezepte für Amuses gueules zusammengestellt. Manche eignen sich als kleine Vorspeise, andere besser als Snack zum Empfang oder zur Cocktailparty.

CRUDITES MIT SIEBENSAUCE

Für 10 Personen

für die Sauce:
- 300 g Siebensauce (Seite 99 doppelte Menge)

für die Crudités:
- ½ mittelgroßer Blumenkohl
- 6 Möhren
- 2 Kohlrabi
- 4 Stangen Bleichsellerie
- 2 Stauden Chicorée
- 1 Bund Radieschen
- 1 Kopfsalat (im Sommer) oder
- 1 Kopf Weißkohl (im Winter)

Zubereitung 1 Tag vorher notwendig
1. Die Siebensauce zubereiten und kalt stellen.

Vor dem Servieren
2. Das Gemüse waschen, den Blumenkohl in Röschen zerteilen und Möhren, Kohlrabi und Bleichsellerie in Stifte schneiden. Vom Chicorée nur die Blätter verwenden.
3. Das Gemüse auf eine Platte legen. Die Sauce in der Mitte auf Salatblättern anrichten oder in den ausgehöhlten Kohlkopf geben.

LACHSRÖLLCHEN

Für ca. 80 Stück
- 2 Platten Tiefkühl-Blätterteig (ca. 200 g)
- 4 Scheiben geräucherter Lachs (à ca. 12 x 20 cm)

Zubereitung 1 Tag vorher möglich
1. Jede Teigplatte auf doppelte Länge (12 x 40 cm) ausrollen und mit zwei Lachsscheiben belegen.
2. Die Platten zu den Längsseiten hin aufrollen. Die Rollen abgedeckt kalt stellen.

Vor dem Servieren
3. Den Backofen auf 200°C vorheizen. Ein Backblech mit Backtrennpapier auslegen. Die Teigrollen in etwa 1 cm dicke Scheiben schneiden, sie auf das Blech legen und in etwa 10 Minuten goldgelb backen.

KAVIARVERSUCHUNG

Für 10 Personen
- 100 g süße Sahne
- 7–8 Zwiebäcke (75 g)
- 150 ml Milch
- 1 Döschen roter Kaviar (ca. 50 g)
- 2 Eier
- 1 EL gehackter Dill
- etwas Butter für die Form
- nach Belieben 24 kleine Rührteigböden
- 20 g Butter in Flöckchen nach Belieben

Etwa 3 Stunden vor dem Servieren
1. Die Sahne steif schlagen. Die Zwiebäcke zu feinen Bröseln zerreiben und in eine Schüssel geben. Die Milch aufkochen lassen und über das Zwiebackmehl gießen.
2. Den Kaviar, die Eier, die Sahne und den Dill daruntermischen. Die Masse entweder in kleine Teigförmchen füllen und jeweils ein Butterflöckchen daraufsetzen oder eine Aluschale mit Butter ausfetten, die Masse hineingeben und glattstreichen. Die Butterflöckchen daraufsetzen.

Vor dem Servieren
3. Den Backofen auf 200°C vorheizen und den Kaviarteig darin etwa 20 Minuten backen. Anschließend leicht abkühlen lassen und – wenn der Teig in einer Aluschale gebacken wurde – ihn in mundgerechte Quadrate schneiden. Sie eventuell auf Salatblätter legen und Cocktailspießchen hineinstecken.

FEIGEN MIT SCHINKEN

Für 10 Personen
- 5 frische blaue Feigen
- 5 Scheiben Parma- oder Ardennerschinken

Etwa 1 Stunde vor dem Servieren
Die Feigen waschen, trockentupfen und, je nach Größe, halbieren oder dritteln. Den Schinken in Stücke zupfen und jeweils eines auf jedes Feigenstück legen.

ZUCKERSCHOTEN MIT MASCARPONEFÜLLUNG

Für 30 Stück
- 30 Zuckerschoten (Erbsenschoten)
- 150 g Mascarpone (italienischer Frischkäse)
- 75 g Gorgonzola
- 30 Pfefferminzblättchen

Etwa 3 Stunden vor dem Servieren
1. Die Zuckerschoten putzen und etwa 1 Minute in kochendem Wasser blanchieren. Sie dann sofort in Eiswasser abschrecken, damit sie ihre frische grüne Farbe behalten.
2. Den Mascarpone und den Gorgonzola mit einer Gabel gut mischen. Die Zuckerschoten an der unteren Seite mit einem scharfen Messer aufschlitzen und die Creme mit einem Messerrücken hineinstreichen. An jeweils einem Ende ein Minzeblättchen hineinstecken.

Variation
Wickeln Sie jeweils eine blanchierte Schote wie eine „Bauchbinde" um eine ausgelöste **Hummerkrabbe** und stecken Sie sie mit einem Spießchen fest.

LACHSRÖLLCHEN AUF PUMPERNICKEL

Für ca. 20 Stück
- 50 g weiche Butter
- 1 EL geriebener Meerrettich
- 2 EL gehackter Dill
- Salz
- 3 Scheiben geräucherter Lachs (ca. 20 cm lang)
- 20 Pumpernickeltaler
- 20 kleine Dillzweige

Etwa 3 Stunden vor dem Servieren
1. Die Butter mit dem Meerrettich, dem Dill und Salz verrühren und die Lachsscheiben damit bestreichen. Sie aufeinanderlegen und von der Längsseite her aufrollen.

Vor dem Servieren
2. Die Rolle in 1 cm dicke Scheiben schneiden, jede auf einen Pumpernickeltaler legen und mit einem Dillzweig garnieren.

TRAUBEN-KÄSE-BÄLLCHEN

Für 10 Personen
- 500 g blaue Weintrauben
- 400 g Doppelrahmfrischkäse
- etwas süße Sahne
- 2 EL gehackter Estragon oder Basilikum
- Salz
- Pfeffer aus der Mühle
- 100 g geröstete Mandelblättchen

Etwa 3 Stunden vor dem Servieren
1. Die Trauben waschen und mit einer feinen Haarnadel entkernen. Den Frischkäse mit etwas Sahne, den Kräutern, Salz und Pfeffer verrühren.
2. Jede Traube in etwas Käsecreme hüllen und daraus ein Bällchen formen. Die Mandelblättchen grob zerstoßen, die Bällchen darin wenden und anschließend kalt stellen.

TATARBÄLLCHEN

Für 10 Personen
- 1 kleine Schalotte
- 500 g Tatar
- 1 EL Senf
- 1 Eigelb
- Salz
- Pfeffer aus der Mühle
- 2 Bund Schnittlauch
- 1 Eiweiß

Etwa 2 Stunden vor dem Servieren
1. Die Schalotte schälen und sehr fein würfeln. Das Tatar mit den Schalottenwürfeln, dem Senf, dem Eigelb, Salz und Pfeffer verrühren.
2. Den Schnittlauch fein schneiden. Aus dem Tatar kleine Bällchen formen, sie zuerst in Eiweiß und dann in dem Schnittlauch wenden und kalt stellen.

Variation
Sie können die Bällchen auch vor dem Wenden in Eiweiß knusprig braten und dann nur mit Schnittlauch bestreuen.

KLEINE WINDBEUTEL

Für ca. 24 Stück
für den Brandteig:
- ¼ l Milch
- 60 g Butter
- 1 Prise Salz
- 150 g Weizenmehl
- 4 Eier

Etwa 3 Stunden vor dem Servieren
1. Die Milch zusammen mit der Butter und einer Prise Salz in einem Topf aufkochen lassen. Den Topf vom Herd nehmen, das Mehl auf einmal hineingeben und alles zu einem glatten Teig verrühren.
2. Den Topf auf den Herd zurückstellen und den Teig unter kräftigem Rühren so lange erhitzen, bis er ein Kloß ist und sich am Topfboden eine dünne weiße Schicht bildet.
3. Den Teig leicht abkühlen lassen und dann nach und nach die Eier darunterrühren. Der Teig sollte glatt und glänzend sein. Ihn etwa ½ Stunde ruhen lassen.
4. Den Backofen auf 220°C vorheizen. Ein Backblech mit Backtrennpapier auslegen und den Teig mit zwei angefeuchteten Teelöffeln oder mit einem Spritzbeutel in kleinen Häufchen mit weitem Abstand voneinander darauf setzen.
5. Die Windbeutel etwa ½ Stunde backen, bis sie goldgelb sind. Sie abkühlen lassen, aufschneiden und beliebig füllen (siehe Variationen).

Variationen
Möchten Sie die Windbeutel als Amuses gueules servieren, füllen Sie sie mit **Preiselbeersahne** oder mit **Kräuterquark**. Oder spritzen Sie feine **Kalbsleberwurst** hinein und dekorieren sie mit Kräutern.
Kleine Windbeutel mit einer süßen Füllung sind auch ideal als **Dessert** mit einer Mandel- oder Walnußsahne. Schlagen Sie dafür 250 g süße Sahne steif und ziehen 125 g gehackte Mandeln oder Walnüsse und 1 bis 2 Tropfen Bittermandelöl darunter. Spritzen Sie die Sahne in die Windbeutel und servieren sie auf Pflaumensaft (Seite 159).

SORBETS

Sorbets sorgen während eines Menüs für eine erfrischende Pause, die den Gastgebern zugleich die Möglichkeit gibt, in Ruhe den Hauptgang fertigzustellen.
Sorbets können **aus Fruchtsaft** oder **-püree**, aus **Gemüsesaft** oder **püriertem Gemüse**, **mit und ohne Sorbetmaschine** zubereitet werden. Ist frischer Saft die Basis, so wird stets Eiweiß hinzugefügt, damit das Sorbet luftig und cremig und die Fruchtsäure etwas gemildert wird. Bei Sorbets aus Frucht- oder Gemüsepüree muß dies nicht unbedingt sein.
In einer Sorbetmaschine zubereitet werden Sorbets besonders schön luftig, da sie während des Gefrierens ständig gerührt werden. Aus diesem Grund braucht man dann nur ein wenig Eiweiß hinzuzufügen. Anders ist es bei handgerührten Sorbets, bei denen sich beim Gefrieren leicht größere Eiskristalle bilden. Dies geschieht besonders bei Sorbets aus Gemüsesaft oder -püree. Hier wird mehr Eiweiß, das zudem noch steif geschlagen wird, verwendet, als es bei den in der Maschine gerührten Sorbets notwendig ist.
Sorbets sind natürlich am besten, wenn sie frisch zubereitet aus der Sorbetmaschine kommen. Da dies aber die Vorbereitung eines mehrgängigen Menüs noch komplizierter macht, schlagen wir vor, die Sorbets schon einige Tage im voraus zuzubereiten und in das Tiefkühl- und in das Gefrierfach zu stellen. Im Tiefkühlfach werden Sorbets sehr hart, man muß sie deshalb etwa ½ Stunde vor dem Servieren herausnehmen und kurz vorher mit dem Pürierstab aufschlagen.
Im Gefrierfach des Kühlschranks, wenn dieser auf niedriger Stufe eingestellt ist, bleibt das Sorbet cremig. Die optimale Temperatureinstellung bei Ihrem Kühlschrank sollten Sie ausprobieren, bevor Sie ein Sorbet für Ihre Gäste zubereiten.

SORBETS AUS BLÜTENESSENZEN

(mit Sorbetmaschine zubereitet)

Für 6 Personen
für ein Veilchensorbet
(Foto oben links):
- 110 g Zucker
- 300 ml Wasser
- 1 Handvoll Veilchenblüten
- etwas Zitronensaft
- ½ EL Eiweiß

für ein Holunderblütensorbet
(Foto oben links):
- 40 g Zucker
- 230 ml Wasser
- 10 Holunderblütendolden
- ½ EL Zitronensaft
- ½ EL Eiweiß

für ein Lindenblütensorbet
(Foto oben rechts)
- 40 g Zucker
- 230 ml aufgebrühter Lindenblütentee
- 2 Handvoll Lindenblüten (ca. 30 Stück)
- ½ TL Zitronensaft
- ½ EL Lindenblütenhonig
- ½ EL Eiweiß

Zubereitung 3 Tage vorher möglich
1. Für jedes Sorbet jeweils den Zucker mit dem Wasser, beim Lindenblütensorbet mit dem Lindenblütentee, aufkochen und dann exakt 5 Minuten kochen lassen. Die Blüten in den Sirup geben und das Ganze etwa 24 Stunden gut verschlossen ziehen lassen.
2. Die Blütenmischung jeweils durch ein Sieb gießen, die Flüssigkeit auffangen und die Blüten gut ausdrücken. Die Flüssigkeit mit Zitronensaft abschmecken und für das Lindenblütensorbet den Honig hineinrühren.
3. Zuletzt das Eiweiß dazugeben und alles in die Sorbetmaschine füllen. Sie für etwa 20 Minuten im Gefrierfach rühren lassen und das Sorbet anschließend in das Tiefkühl- oder ins Gefrierfach stellen.
Das Sorbet etwa 5 Minuten vor dem Servieren mit dem Pürierstab aufschlagen und mit einem Spritzbeutel rasch in Gläser spritzen.

SORBET AUS ROHEN OBSTSÄFTEN

(ohne Sorbetmaschine zubereitet)

Für 6 Personen

für ein Sorbet aus rosa Grapefruit (Foto oben: rechts):
- 150 g Zucker
- 50 ml Wasser
- Saft von 2 rosa Grapefruits (ca. ¼ l)
- 1 Eiweiß

Zubereitung 3 Tage vorher möglich

1. 100 g Zucker zusammen mit dem Wasser aufkochen und dann exakt 5 Minuten kochen lassen. Den Sirup leicht abkühlen lassen und mit dem Grapefruitsaft mischen.
2. Den Saft ins Gefrierfach stellen und leicht anfrieren lassen. Inzwischen das Eiweiß steif schlagen und unter das cremige Eis heben. Alles für mindestens 2 Stunden einfrieren, zwischendurch mehrere Male umrühren, damit sich das Sorbet nicht absetzt.
3. Das Sorbet etwa 5 Minuten vor dem Servieren mit dem Pürierstab aufschlagen und rasch mit einem Spritzbeutel in Gläser spritzen. Nach Belieben mit Sekt oder Champagner aufgießen.

Variationen
Statt des Grapefruitsaftes können Sie frisch gepreßten **Limonen-** oder **Zitronensaft** verwenden (Foto oben: links).

SORBET AUS GEKOCHTEN OBSTSÄFTEN

(mit Sorbetmaschine zubereitet)

Für 6 Personen

für ein Pflaumen- (Foto oben: Mitte) oder Quittensorbet (Foto oben: rechts):
- 450 ml Pflaumen- oder Quittensaft (Rezept für gekochte Obstsäfte Seite 159)
- 110 g Zucker
- ½ EL Eiweiß

Zubereitung 3 Tage vorher möglich

1. Die Hälfte des Obstsaftes zusammen mit dem Zucker aufkochen und dann exakt 5 Minuten kochen lassen. Den Sirup leicht abkühlen lassen, mit dem restlichen Obstsaft mischen und erkalten lassen.
2. Das Eiweiß hineinrühren und das Ganze in die Sorbetmaschine füllen. Sie im Gefrierfach des Kühlschranks etwa 20 Minuten rühren lassen, bis das Sorbet cremig ist. Das Sorbet anschließend einfrieren.
3. Das Sorbet etwa 5 Minuten vor dem Servieren mit dem Pürierstab aufschlagen und rasch mit einem Spritzbeutel in Gläser spritzen.

Variation
Verwenden Sie für ein **Sorbet aus Cox-Orange-Äpfeln** dieselbe Menge Saft (Seite 159) und fügen etwas Zimt und Zitronensaft hinzu (Foto oben: links).

SORBET AUS GEMÜSEPÜREE

(mit Sorbetmaschine zubereitet)

Für 6 Personen

für ein Tomatensorbet (Foto oben: links):
- 1 kg Fleischtomaten
- Salz
- Pfeffer aus der Mühle
- 1 Prise Zucker
- ½ EL Eiweiß

für die Garnitur:
- 6 Basilikumblättchen

Zubereitung 3 Tage vorher möglich

1. Die Tomaten mit kochendem Wasser überbrühen, enthäuten und entkernen. Das Fruchtfleisch kleinschneiden, mit Salz, Pfeffer und Zucker würzen und etwa ½ Stunde lang durchziehen lassen.
2. Das Fruchtfleisch dann in einem Sieb abtropfen lassen und anschließend pürieren. Das Eiweiß hinzufügen und alles in die Sorbetmaschine füllen. Sie etwa 20 Minuten im Gefrierfach des Kühlschranks rühren lassen, bis das Sorbet cremig ist.
3. Den Kühlschrank auf niedrigste Kühlstufe einstellen und das Sorbet ins Gefrierfach stellen.
Es etwa 5 Minuten vor dem Servieren mit einem Pürierstab aufschlagen und rasch mit einem Spritzbeutel in Gläser spritzen. Mit Basilikum oder anderen Kräuterblättchen garnieren.

Variationen
Statt der Fleischtomaten können Sie auch **Gurken** (Foto oben: rechts) verwenden.

KLEINE VORRATSKAMMER

Mit einem kleinen Vorrat an Eingelegtem, an Gelees und Säften können Sie sich die Zubereitung eines Menüs sehr erleichtern, und Ihre Speisen profitieren von dem vollen Aroma von Früchten und Gemüse.

In den Rezepten zu den einzelnen Menügängen und bei den Sorbets finden Sie immer wieder einmal Hinweise auf Zutaten, die Sie leicht schon einige Zeit im voraus zubereiten und natürlich auch bei anderen Gelegenheiten verwenden können. Die süß-sauren Pflaumen und das Confit von roten Zwiebeln beispielsweise passen als Beilage zu vielen Fleischgerichten.

Aus gut gekühlten **Obstsäften**, die gekauft wohl nie die Qualität von selbstgemachten erreichen, lassen sich phantasievolle Drinks zubereiten. Darüber hinaus sind sie die Basis für Gelees, Fruchtsuppen und -saucen.

Die selbstgemachten **Gelees** sind für Füllungen und für den Guß von Torten, aber auch als Basis für Dessertsaucen und für pikante Saucen zu Fleisch ideal.

Desserts, Torten, Sorbets und Dessertteller können Sie herrlich mit selbst **kandierten Blüten** und **Blättern**, mit gezuckerten oder **in Schokolade getauchten Früchten** garnieren.

IN SALZ EINGELEGTE ZITRONEN

Für 1 Glas
- 2 unbehandelte Zitronen
- mit dicker Schale
- 1½ EL grobes Salz
- ¼ l Zitronensaft

Zubereitung 14 Tage vorher notwendig

1. Die Zitronen für einige Minuten in kochendes Wasser tauchen und trockentupfen. Dann die Schalen dünn mit dem Rücken eines Messers schaben, so daß sich die Poren öffnen.

2. Die Zitronen über Kreuz so tief einschneiden, daß die Viertel noch zusammenhängen. Die Viertel auseinanderdrücken, in die Mitte jeder Zitrone ½ Eßlöffel Salz streuen und die Früchte wieder zusammendrücken.

3. Die Zitronen in ein Glas mit Vakuumverschluß geben, mit dem restlichen Salz bestreuen und den Zitronensaft darübergießen. Die Früchte sollen vollständig mit Saft bedeckt sein, eventuell noch etwas Wasser angießen.

4. Das Glas fest verschließen und an einen dunklen Ort stellen. Die Zitronen halten sich mehrere Monate lang frisch.

Verwendung

Salzzitronen verleihen **Fleisch-** und **Fischgerichten** ein fein-herbes Aroma. Sie werden zusammen mit Fleisch und Fisch geschmort und vor der Zubereitung der Sauce wieder entfernt. Man kann mit ihrer in feinste Streifen geschnittenen Schale auch sehr gut **Sahnesaucen** aromatisieren. Man dünstet die Streifen zusammen mit Schalottenwürfeln in Butter an, gießt etwas Wein und ein wenig Salzlake aus dem Glas dazu und läßt die Flüssigkeit einkochen. Zuletzt wird die Sauce mit Sahne verfeinert.

SÜSS-SAURE PFLAUMEN

Für 2 große Gläser
- 1 kg Pflaumen oder Zwetschgen
- ½ Stange Zimt
- 2–3 Gewürznelken
- 1 kleines Stück frischer Ingwer
- 500 g Zucker
- ⅛ l Essig

Zubereitung 14 Tage vorher notwendig

1. Die Pflaumen oder Zwetschgen (mit Steinen) waschen und abtropfen lassen. Die Haut der Früchte mehrmals mit einer Gabel einstechen und das Obst in einen Steinguttopf geben.

2. Die Zimtstange, die Nelken und den Ingwer in ein Mulltuch binden. Den Zucker und den Essig in einem Topf aufkochen lassen, das Mullsäckchen hineinhängen und alles etwa 20 Minuten köcheln lassen.

3. Das Gewürzsäckchen entfernen und die kochendheiße Flüssigkeit über die Früchte gießen. Sie in 6 bis 8 Tagen marinieren. Währenddessen ab und an umrühren.

4. Die Pflaumen zusammen mit der Marinade in einen Topf geben und so lange kochen lassen, bis die Schalen der Früchte Risse bekommen.

5. Die Pflaumen dann herausnehmen und in zwei Gläser mit Vakuumverschlüssen füllen. Die Marinade auf die Hälfte einkochen lassen und dann über die Früchte gießen. Sie sollen vollständig bedeckt sein. Die Gläser fest verschließen, so halten sich die Pflaumen für mehrere Monate frisch.

Verwendung

Süß-saure Pflaumen passen als Beilage zu **Braten** und zu **Tafelspitz**.

CONFIT AUS ROTEN ZWIEBELN

Für 2 große Gläser
- 700 g rote Zwiebeln
- 70 ml Öl
- Salz
- Pfeffer aus der Mühle
- 120 g Puderzucker
- 30 ml Grenadine (Granatapfelsirup)
- ¼ l tiefroter Rotwein
- 100 ml Sherry
- 50 ml Rotweinessig
- 100 g kleine schwarze Korinthen

Zubereitung 14 Tage vorher notwendig
1. Die Zwiebeln schälen und in grobe Stücke schneiden. Sie in dem Öl bei geringer Hitzezufuhr glasig dünsten, sie dürfen nicht bräunlich werden, und mit Salz und Pfeffer würzen.
2. Den Puderzucker über die Zwiebeln streuen, den Grenadine, den Rotwein, den Sherry und den Essig darübergießen und alles abgedeckt bei geringer Hitzezufuhr etwa 20 Minuten köcheln lassen.
3. Die Korinthen waschen, hinzufügen und die Kochflüssigkeit bei geöffnetem Topf fast vollständig einkochen lassen. Die Zwiebeln abschmecken, eventuell noch etwas Sherry oder Rotweinessig dazugeben, und sie noch warm in Gläser mit Vakuumverschlüssen füllen. Die Gläser fest verschließen. Die Zwiebeln halten sich so monatelang frisch.

Verwendung
Man kann das Zwiebelconfit kalt oder warm als Beilage zu **Fleischgerichten**, zum Beispiel zur Kasselermousse (Seite 45) oder zu Leberterrinen, reichen.

GEKOCHTE OBSTSÄFTE

Für ca. 1 l Saft
- 1½ kg Obst (Rhabarber, rote oder schwarze Johannisbeeren, Heidelbeeren, Holunderbeeren, Aprikosen, Sauerkirschen, Pflaumen, Äpfel, Birnen, Quitten)
- 1 EL Zucker

1. Die Früchte waschen, putzen und, wenn nötig, kleinschneiden. Sie zusammen mit ½ l Wasser und dem Zucker in einem Topf aufkochen und etwa 10 Minuten köcheln lassen, bis die Früchte weich sind.
2. Ein großes Sieb mit einem feuchten Mulltuch auskleiden und in eine große Schüssel hängen. Das Obst in das Sieb geben und den Saft über mehrere Stunden hinweg oder über Nacht abfließen lassen.
3. Die Obstreste leicht ausdrücken, damit der letzte Saft herausfließt. Den Saft noch einmal aufkochen lassen und sofort in zwei saubere ½-l-Flaschen mit Vakuumverschluß füllen. Sie gut verschließen. Der Saft hält sich darin monatelang frisch.

Verwendung
Obstsäfte werden als Basis für **Kissels**, klare **Dessertsaucen**, **Sorbets** und **Gelees** verwendet.

Tip
Diese Herstellungsart eignet sich für kleinere Mengen Saft, für größere Mengen sollte man einen Dampfentsafter einsetzen. Wenn Sie das Fruchtmus später noch verwenden wollen, müssen Sie die Früchte, je nach Sorte, schälen und entkernen. Der Saft wird allerdings dickflüssiger und aromatischer, wenn die Früchte mit Schale und Kernen gekocht werden.

UNGEKOCHTE OBSTSÄFTE

Für ca. 1 l Saft
- 1½ kg sehr reife, aromatische Beeren (Erdbeeren, Himbeeren, Brombeeren, Heidelbeeren) Saft von ½ Zitrone

zum Haltbarmachen:
- 15 g Zitronensäure
- 750 g Gelierzucker

Zubereitung 2 Tage vorher notwendig
1. Die Beeren mit einer Gabel zu Mus zerdrücken. ½ l Wasser zusammen mit dem Zitronensaft aufkochen lassen, über das Fruchtmus gießen und das Ganze zugedeckt über Nacht stehen lassen.
2. Ein großes Sieb mit einem feuchten Mulltuch auskleiden und in eine Schüssel hängen. Das Fruchtmus in das Sieb gießen und den Saft über mehrere Stunden hinweg abfließen lassen. Danach das Fruchtmus leicht ausdrücken, damit der letzte Saft herausfließen kann.
3. Den Saft am besten frisch verwenden oder ihn für 1 bis 2 Tage kühl stellen. Soll der Saft haltbar gemacht werden, dann das Wasser mit der Zitronensäure und dem Gelierzucker aufkochen lassen und über die Beeren gießen. Den Saft in saubere ½-l-Flaschen mit Vakuumverschlüssen füllen und sie fest verschließen. Die Flaschen in den Kühlschrank stellen.

Verwendung
Der aromatische Saft kann zu **Fruchtsuppen** oder zu **Dessertsaucen** verarbeitet werden. Man kann ihn auch mit Sekt zu fruchtigen **Drinks** mischen.
Das übrigbleibende Fruchtmus eignet sich vorzüglich für die Zubereitung von Halbgefrorenem.

BLUTORANGENSIRUP

Den Blutorangensaft zusammen mit dem Zucker zu Sirup einkochen lassen. Den Orangenlikör darunterrühren und den Sirup in Gläser mit Vakuumverschluß füllen. Die Gläser fest verschließen. Der Sirup hält sich so monatelang frisch.

Für 2 Gläser
- ½ l frisch gepreßter Blutorangensaft
- 100 g Zucker
- 10 cl Orangenlikör

Verwendung
Sie können den Orangensirup zu **Erdbeeren** servieren oder als Basis für **Getränke**, **Sorbets** oder **Saucen** zu **Crêpes** (Variation Seite 37) oder zu Mousse au chocolat verwenden. Ein köstliches Dessert ist auch eine **Orangenzabaione**. Dafür 3 Eigelbe im Wasserbad schaumig schlagen und feinste Streifen Orangenschale darunterheben. Dann ¼ l heißen Orangensirup darunterschlagen und die Creme anschließend so lange weiterschlagen, bis sie kalt ist.

ZUCKER MIT AROMA

- 200 g feinkörniger Zucker abgeriebene Schale von 1 unbehandelten Orange oder Zitrone
- oder 3 Vanilleschoten
- oder 200 g Veilchenblüten
- oder 100 g Lindenblüten
- oder 50 g Orangenblüten

Für Orangen- oder Zitronenzucker die abgeriebene Schale gut mit dem Zucker mischen und in ein Glas füllen.
Für Vanillezucker die Vanilleschoten aufschlitzen, den Zucker in ein Glas geben und die Schoten hineinstecken.
Für Blütenzucker die Stiele der Blüten entfernen. Die Blüten mit dem Zucker mischen und etwa 24 Stunden durchziehen lassen. Den Zucker dann sieben und frisch verbrauchen.

BLUTORANGENSAUCE

Für 1 Glas
- 1 unbehandelte Orange
- 6 EL Blutorangengelee (Rezept Orangengelee rechts)
- 2 TL milder Dijonsenf
- 2 EL trockener Sherry
- Cayennepfeffer nach Belieben

1. Die Orange heiß waschen, abtrocknen und die Schale mit einem Juliennereißer in feinsten Streifen abziehen. Oder die Frucht dünn schälen und die Schale in feine Streifen (Julienne) schneiden.
2. Die Orange auspressen. Das Gelee mit 4 Eßlöffeln Orangensaft mit einem Schneebesen glattrühren. 1 Eßlöffel Orangenjulienne, den Senf und den Sherry darunterrühren und die Sauce nach Belieben mit Cayennepfeffer würzen.
3. Sie in ein Glas mit Vakuumverschluß füllen und es fest verschließen. Soll die Orangensauce für längere Zeit aufbewahrt werden, sie in den Kühlschrank stellen.

Verwendung
Die Blutorangensauce paßt gut zu **Geflügelgerichten**, zu **Leberpasteten**, zu **Kasselermousse**, pochiertem Kasseler, zu **Roastbeef** und **Schweinebraten**.

ORANGENGELEE

Für ca. 4 Gläser
- 1 l frisch gepreßter (Blut)Orangensaft
- 1 kg Gelierzucker
- Saft von 1 Zitrone

1. Den Orangensaft und den Zucker in einen Topf geben, aufkochen und dann 2 Minuten sprudelnd kochen lassen. Währenddessen den Schaum abschöpfen.
2. Den Gelee in saubere, heiß ausgespülte Gläser mit Vakuumverschluß füllen und sie fest verschließen.

Variation
Sie können statt des Orangensaftes dieselbe Menge **gekochten Obstsaft** (Seite 159) verwenden.

JOHANNISBEERGELEE

Für ca. 3 Gläser
- 1 l gekochter Johannisbeersaft (Seite 159)
- 570–600 g Zucker

1. Den Johannisbeersaft und den Zucker in einen Topf geben, aufkochen und dann unter Rühren 8 bis 10 Minuten kochen lassen.
2. Danach eine Gelierprobe machen (einige Tropfen auf einem Teller erkalten lassen). Wenn die Flüssigkeit geliert, den Schaum vom Gelee abschöpfen, es in saubere, heiß ausgespülte Gläser mit Vakuumverschlüssen füllen und sie fest verschließen.

Tip
Gerade erst reif gewordene Johannisbeeren verfügen über mehr Gelierfähigkeit als sehr reife. Kochen Sie ein Gelee aus reifen Beeren deshalb besser mit Gelierzucker.

APFELGELEE MIT BLÜTEN ODER KRÄUTERN

Für ca. 4 Gläser
- 1 l gekochter Apfelsaft (Seite 159)
- 570 g Zucker
- Blütenblätter von 6–8 Ringelblumen oder 6 Kamilleblüten oder 10 Wacholderbeeren oder 6 Minzeblättchen

Den Apfelgelee wie den Johannisbeergelee (Rezept links) zubereiten und noch heiß in die Gläser füllen. Nach Belieben Blütenblätter, Blüten, Gewürze oder Kräuterblättchen in die Gläser verteilen, umrühren und die Gläser fest verschließen.

Verwendung
Als Beigabe zu **Fleischgerichten** und flüssig zu **Lebermousse** (Seite 120).

WÜRZIGES GELEE VON SCHWARZEN JOHANNISBEEREN

Für ca. 4 Gläser
- ½ Zimtstange
- 1 Stück frischer Ingwer
- 6 Gewürznelken
- 6 Pfefferkörner
- 1 l gekochter Saft von schwarzen Johannisbeeren (Seite 159, aber aus 1 kg Beeren und ¼ l Wasser zubereitet)
- 450 g Zucker
- 1 EL Essig

1. Die Gewürze in ein Mulläppchen binden. Den Saft, den Zucker, den Essig und den Mullbeutel in einen Topf geben, alles aufkochen und 10 Minuten sprudelnd kochen lassen.
2. Danach eine Gelierprobe machen (siehe Johannisbeergelee links). Den Schaum abschöpfen, den Gewürzbeutel herausnehmen und das Gelee in saubere Gläser mit Vakuumverschluß füllen. Sie fest verschließen.

Verwendung
Das Gelee paßt gut zu **Wild-** und **Geflügelgerichten.**

KANDIERTE BLÜTEN UND BLÄTTER

- 1 Handvoll Veilchenblüten
- oder 2 kleine, gerade aufgeblühte rote oder rosa Rosen
- oder 2 blaue Stiefmütterchen
- oder Minze- oder Zitronenmelisseblättchen
- 1 frisches Eiweiß
- 150 g feingemahlener Zucker

1. Die Ober- und die Unterseite eines jeden Blüten- oder Kräuterblattes mit Eiweiß bepinseln. Dabei darauf achten, daß die Blütenblätter nicht aneinanderkleben. Die Veilchenblüten ganz in Eiweiß wenden, überschüssiges Eiweiß abtropfen lassen.
2. Blätter in dem im Mixer feingemahlenen Zucker wenden, Blüten innen und außen mit Zucker bestreuen. Überschüssigen Zucker abschütteln. Die Blüten und Blätter auf ein mit Backtrennpapier ausgelegtes Blech legen und bei 50°C im Ofen mehrere Stunden trocknen lassen.

Verwendung
Als **Dekorationen** für Torten und Desserts.

SÜSSE FRÜCHTE

für gezuckerte Johannisbeeren:
- einige schöne Johannisbeerrispen mit Blättern
- 1 Eiweiß
- 150 g feingemahlener Zucker

für mit Schokolade überzogene Früchte:
- ½ kg Sauerkirschen mit Stielen
- oder ½ kg Erdbeeren mit Stielen
- 250 g dunkle Kuvertüre

Etwa 3 Stunden vor dem Servieren
1. Die Johannisbeerrispen waschen und auf Küchenkrepp trocknen lassen. Jede Rispe in Eiweiß wenden und abtropfen lassen.
2. Die Rispen in dem im Mixer feingemahlenen Zucker wenden, überschüssigen Zucker abschütteln.
3. Die Sauerkirschen oder die Erdbeeren waschen und auf Küchenkrepp trocknen lassen. Die Kuvertüre bei geringer Hitzezufuhr schmelzen.
4. Die Früchte etwa zur Hälfte in die Schokolade tauchen, auf einen Teller legen und die Kuvertüre festwerden lassen.

Verwendung
Die gezuckerten Johannisbeerrispen zum **Dekorieren** von Torten, Petits fours oder von Desserttellern verwenden.
Die Schokoladenfrüchte **zum Kaffee** nach dem Menü reichen oder Torten und Desserts damit **dekorieren.**

MENÜ IM MÄRZ: FRÜHLINGSSEHNEN

Menü	1 Woche vorher	3 Tage vorher	2 Tage vorher	1 Tag vorher	EINLADUNGSTAG 3 Stunden vorher	2 Stunden vorher	1 Stunde vorher	Während des Menüs
Champignonterrine mit Entenleber auf Blutorangensauce			Terrine zubereiten (1 Std.)				Terrine in Scheiben schneiden, mit Feldsalat und Sauce auf Tellern anrichten (10 Min.)	
Mousse vom Lachs und Buttersauce mit Tiefseegarnelen und Dill				Moussemasse zubereiten, in der Form kühl stellen (¼ Std.) Reduzierte Saucenbasis zubereiten (½ Std.)			Mousse garen (40 Min.) Sauce fertigstellen und warm halten (10 Min.)	Sauce kurz aufschlagen (2 Min.) Garnelen und Dill in die Sauce geben
Sorbet von rosa Grapefruits		Sorbet zubereiten (1 Std.)						5 Min. vor dem Servieren: aufschlagen, in Gläser spritzen (5 Min.)
Schweinefilet mit Salsa verde im Briocheteig	Salsa verde zubereiten (½ Std.)			Teig zubereiten (2 Std.)	Fleisch anbraten, Spinat blanchieren und Briocherolle zubereiten (1 Std.)	Briocherolle ½ Std. backen, im Ofen lassen		½ Std. vor dem Servieren: Briocherolle bei 70°C wärmen, in Scheiben schneiden Crème fraîche unterziehen und Spinat erhitzen (5 Min.)
Blattspinat mit Mandeln				Spinat putzen und waschen (20 Min.)		Spinat dünsten und abschmecken (20 Min.)		
Pistazieneis mit Kiwicoulis und Kirschsauce		Eis zubereiten (1½ Std.) Kirschsauce zubereiten (10 Min.)				Kiwicoulis zubereiten (10 Min.)	Sauce und Coulis auf Dessertteller geben (10 Min.)	Eis abstechen und auf die Teller geben (10 Min.)
Tuiles	Tuiles backen (2½ Std.)							5 Min. vor dem Servieren: Tuiles anrichten

MENÜ IM APRIL:

MILLE FLEURS

Menü	1 Woche vorher	3 Tage vorher	2 Tage vorher	1 Tag vorher	EINLADUNGSTAG			
					3 Stunden vorher	2 Stunden vorher	1 Stunde vorher	Während des Menüs
Fischmousse in Spitzkohl gehüllt mit Sauerampfersauce				Fischmousse zubereiten (1 Std.)		Sauerampferpüree herstellen (20 Min.)	Fischmousse aufschneiden und auf Tellern anrichten (10 Min.)	10 Min. vor dem Servieren: Sauce zubereiten und zur Fischmousse reichen
Klare Bouillon mit Paradeisern					Bouilloneinlage zubereiten (25 Min.)			1/4 Std. vor dem Servieren: ca. 1 1/2 l Bouillon erhitzen, abschmecken, mit der Einlage in Suppentassen füllen
Tafelspitz				Tafelspitz kochen (3 Std.)				1/2 Std. vor dem Servieren: Tafelspitz erwärmen, Kartoffeln garen, Möhren erhitzen (10 Min.), Tafelspitz in Scheiben schneiden, mit Primeurs anrichten, Grüne Sauce extra dazu reichen
Primeurs					Möhren, Kartoffeln und Petersilie vorbereiten (1/2 Std.) Möhren garen (25 Min.)			
Grüne Sauce				Grüne Sauce zubereiten (1 Std.)				
Grüne Blattsalate mit Vinaigrette			Vinaigrette zubereiten (10 Min.)	Blattsalate waschen, trockenschleudern (10 Min.)				5 Min. vor dem Servieren: Salat mit Vinaigrette mischen
Palatschinken surprise mit Rhabarber- und Erdbeercoulis			Palatschinken ausbacken (40 Min.) Vanilleeis schneiden (5 Min.) Früchtecoulis zubereiten 1/2 Std)					20 Min. vor dem Servieren: Palatschinken aufbacken, Fruchtsaucen erwärmen (5 Min.) Vanilleeis bereitstellen

Organisationsplan April 163

MENÜ IM MAI:
SPARGELFREUDEN

					EINLADUNGSTAG			
Menü	1 Woche vorher	3 Tage vorher	2 Tage vorher	1 Tag vorher	3 Stunden vorher	2 Stunden vorher	1 Stunde vorher	Während des Menüs
Junge Gemüse im Spinatblatt mit Lachssauce				Gemüse vorbereiten und in Förmchen schichten (1 Std.)			Gemüse in den Förmchen garen (½ Std.) Räucherlachs schneiden (5 Min.)	20 Min. vor dem Servieren: Lachssauce zubereiten, mit dem Gemüse im Spinatblatt anrichten
Carpaccio mit Zitronenvinaigrette		Rinderfilet schneiden und gefrieren (½ Std.)	Zitronenvinaigrette zubereiten (10 Min.)				Rinderfiletscheiben auf Tellern anrichten, mit Zitronenvinaigrette überziehen (½ Std.)	
Strümper Spargel mit Sauce hollandaise				Spargel schälen, Schalen auskochen (1 Std.)				40 Min. vor dem Servieren: Spargel kochen 20 Min. vor dem Servieren: Kartoffeln kochen ¼ Std. vor dem Servieren: Sauce hollandaise zubereiten Spargel, Kartoffeln, Sauce hollandaise und Kasselermousse servieren
Neue Kartoffeln						Kartoffeln schälen (10 Min.)		
Kasselermousse mit Gelee			Kasselermousse zubereiten (¾ Std.)	Gelee zubereiten (¾ Std.), erstarren lassen und in Würfel schneiden	Kasselermousse aufschneiden (10 Min.), mit Geleewürfeln anrichten			
Sorbet im Hemd		Erdbeer- und Rhabarbersorbet zubereiten (2 Std.)	Sorbets in eine Schüssel schichten (¼ Std.)		Sorbet fertigstellen (10 Min), Erdbeeren für Dekoration putzen (5 Min.)			5 Min. vor dem Servieren: Sorbet mit Erdbeeren verzieren
Mandelbrot		Mandelbrot backen (2½ Std.)						Mandelbrot anrichten

164 Organisationsplan Mai

MENÜ IM JUNI:

EINE SPONTANE EINLADUNG

Menü	1 Woche vorher	3 Tage vorher	2 Tage vorher	1 Tag vorher	EINLADUNGSTAG 3 Stunden vorher	2 Stunden vorher	1 Stunde vorher	Während des Menüs
Vitello tonnato				Vitello tonnato zubereiten (1½ Std.)			Den Salat putzen Vitello tonnato anrichten (¼ Std.)	
Velouté von jungen Erbsen				Velouté zubereiten (40 Min.)	Geröstete Brotwürfel zubereiten (¼ Std.)			20 Min. vor dem Servieren: Velouté erwärmen, mit Brotwürfeln anrichten
Junge Matjes auf Eis				Eisblock mit Blüten herstellen (10 Min.)				20 Min. vor dem Servieren: Bohnen garen und anrichten 5 Min. vor dem Servieren: Eisblock aus der Form lösen und Matjes darauf anrichten Kartoffeln in Butter erwärmen, mit Petersilie bestreuen
Grüne Bohnen				Bohnen putzen, zusammenbinden (¼ Std.)				
Neue Kartoffeln					Kartoffeln kochen und schälen, Petersilie hacken (½ Std.)			
Gurkensorbet				Sorbet zubereiten (1 Std.)				5 Min. vor dem Servieren: Sorbet aufschlagen und auf Glastellerchen spritzen
Überkrustete Sommerfrüchte				Obst waschen, Gratinmasse zubereiten und in die Form füllen (¾ Std.)			Flüssige Sahne bereitstellen	50 Min. vor dem Servieren: Ofen vorheizen, Gratin backen (½ Std.) und 10 Min. auskühlen lassen

MENÜ IM JULI:

FERIEN-ERINNERUNGEN

Menü	1 Woche vorher	3 Tage vorher	2 Tage vorher	1 Tag vorher	EINLADUNGSTAG			
					3 Stunden vorher	2 Stunden vorher	1 Stunde vorher	Während des Menüs
Klare Tomatensuppe mit Shrimps und Liebstöckelblättchen				Tomatensuppe zubereiten (2½ Std.)	Tomatensuppe klären (½ Std.)			Tomatensuppe mit Shrimps und Liebstöckelblättern in Suppentassen füllen
Gebeizte Forellenfilets mit Meerrettichsahne		Forellenfilets mit Salzbeize und Dill schichten (¾ Std.)			Forellenfilets in Scheiben schneiden, Meerrettichsahne zubereiten und auf Tellern anrichten (½ Std.)			
Sorbet aus Holunderblüten				Sorbet zubereiten (1 Std.)				5 Min. vor dem Servieren: Sorbet aufschlagen und in Gläser spritzen
Heidschnuckenkarree				Brotmischung zubereiten, Fleisch vorbereiten (½ Std.)			Karree braten (40 Min.)	10 Min. vor dem Servieren: Fleisch auslösen, mit dem Gemüse anrichten
Dicke Bohnen				Bohnen aus den Schoten lösen, waschen (¼ Std.)		Bohnen zubereiten (½ Std.)		5 Min. vor dem Servieren: Bohnen und Gurken wärmen
Junge Gurken						Gurken zubereiten (25 Min.)		
Johannisbeerquiche			Teig zubereiten und vorbacken (2 Std.)	Belag zubereiten und die Quiche backen (1½ Std.)	Quiche in Stücke schneiden, anrichten (10 Min.)			Dessertteller servieren
Grüne Torte		Eventuell schon Biskuitteig zubereiten (¾ Std.)		Torte zubereiten (1 Std.)	Torte in Stücke schneiden, anrichten (10 Min.)			

MENÜ IM AUGUST:

SOMMERLICHE BLÜTENDÜFTE

					EINLADUNGSTAG			
Menü	1 Woche vorher	3 Tage vorher	2 Tage vorher	1 Tag vorher	3 Stunden vorher	2 Stunden vorher	1 Stunde vorher	Während des Menüs
Gurkensuppe				Suppe zubereiten (½ Std.)				10 Min. vor dem Servieren: Suppe wärmen und anrichten
Dorade en papillote					Dorade vorbereiten (¾ Std.)			½ Std. vor dem Servieren: Dorade garen
Tomatensorbet				Sorbet zubereiten (1 Std.)				5 Min. vor dem Servieren: Sorbet aufschlagen und in Gläser spritzen
Kalbskarree gefüllt mit Majoran in Johannisbeersauce				Karree vorbereiten (½ Std.)	Karree anbraten, in der Sauce ½ Std. schmoren			40 Min. vor dem Servieren: Kartoffeln zubereiten 20 Min. vor dem Servieren: Fleisch wärmen, Sauce fertigstellen und beides mit den Kartoffeln anrichten
In Butter sautierte Kartoffeln mit Roquefort				Kartoffeln waschen (10 Min.)				
Brunnenkressesalat mit Kapuzinerkresseblüten				Salat waschen, Vinaigrette zubereiten (20 Min.)				5 Min. vor dem Servieren: Salat und Vinaigrette mischen, mit Blüten anrichten
Viererlei Kissels			Kissels zubereiten (2 Std.)					¼ Std. vor dem Servieren: Feuilletés aufbacken 5 Min. vor dem Servieren: Kissels auf Tellern anrichten und Sahne dazu servieren
Mandelfeuilletés		Feuilletés backen (ca. ½ Std.)						

MENÜ IM SEPTEMBER:

LILLES KRESSEPARK

Menü	1 Woche vorher	3 Tage vorher	2 Tage vorher	1 Tag vorher	3 Stunden vorher	2 Stunden vorher	1 Stunde vorher	Während des Menüs
						EINLADUNGSTAG		
Steinpilzsuppe mit Blätterteighäubchen				Suppe zubereiten (½ Std.)		Suppentassen mit Teig überziehen (½ Std.)		25 Min. vor dem Servieren: Suppe überbacken
Heilbutt im Garten				Sauce und Lauchgemüse vorbereiten (¾ Std.)	Kirschtomaten und Fisch vorbereiten (25 Min.) Sauce fertigstellen (10 Min.)			20 Min. vor dem Servieren: Fisch und Tomaten garen, Sauce und Lauch erwärmen, alles auf Tellern anrichten
Pflaumensorbet			Sorbet zubereiten (1 Std.)					5 Min. vor dem Servieren: Sorbet aufschlagen, in Gläser spritzen
Königsberger Klopse in Aalsauce mit Fisolen (grüne Bohnen) und Kartöffelchen				Klopse zubereiten (1 Std.)	Bohnen zubereiten (½ Std.) Kartoffeln schälen (10 Min.)			½ Std. vor dem Servieren: Kartoffeln garen ¼ Std. vor dem Servieren: Klopse und Bohnen erwärmen
Brombeerbavaroise mit Coulis von Brombeeren				Coulis und Bavaroise zubereiten (2 Std.)	Bavaroise garnieren (10 Min.)			Bavaroise, restliche Coulis und Tuiles servieren
Tuiles	Tuiles backen (2½ Std.)							

MENÜ IM OKTOBER:

HERBSTSPAZIERGANG

Menü	1 Woche vorher	3 Tage vorher	2 Tage vorher	1 Tag vorher	3 Stunden vorher	2 Stunden vorher	1 Stunde vorher	Während des Menüs
						EINLADUNGSTAG		
Terrine von zweierlei Lachs mit Feigen und				Terrine zubereiten (1 Std.)		Terrine stürzen, in Scheiben schneiden und mit Feigen und Siebensauce auf Teller geben		
Siebensauce		Siebensauce zubereiten (¼ Std.)						
Sellerievelouté				Velouté zubereiten (40 Min.)				5 Min. vor dem Servieren: Sellerievelouté wärmen und in Tassen füllen
Quittensorbet			Quittensorbet zubereiten (1 Std.)					5 Min. vor dem Servieren: Sorbet aufschlagen und in Gläser spritzen
Hasenrücken im Pilzwald				Hasenrücken auslösen (¼ Std.) Steinpilze quellen lassen Zwiebeln und Speck würfeln (10 Min.)	Pilzragout zubereiten (1 Std.) Petersilie hacken (5 Min.)	Hasenfleisch braten (10 Min.)		40 Min. vor dem Servieren: Soufflé backen (40 Min.) ¼ Std. vor dem Servieren: Fleisch in den Ofen legen, Pilzragout wärmen Fleisch auf Pilzen anrichten
Spinatsoufflé				Spinat auftauen lassen	Soufflé vorbereiten (40 Min.)		Eischnee unter Soufflémasse heben (¼ Std.)	
oder Spätzle			Variation: Spätzle zubereiten (1½ Std.)					5 Min. vor dem Servieren: Spätzle aufbraten
Halbgefrorener Vacherin mit frischen Walnüssen		Vacherin zubereiten (4½ Std.)						½ Std. vor dem Servieren: Vacherin antauen lassen, in Scheiben schneiden und zusammen mit Coulis anrichten
Coulis von Weinbergpfirsichen	Weinbergpfirsiche einkochen			Coulis zubereiten (40 Min.)				

Organisationsplan Oktober

MENÜ IM NOVEMBER:

FISCH, FISCH ÜBERN TISCH

Menü	1 Woche vorher	3 Tage vorher	2 Tage vorher	1 Tag vorher	EINLADUNGSTAG			
					3 Stunden vorher	2 Stunden vorher	1 Stunde vorher	Während des Menüs
Winzige Blini mit Hering, Kaviar und Crème fraîche		Blini zubereiten und einfrieren (4 Std.)					Blini auftauen lassen Hering, Kaviar und Crème fraîche auf Teller geben (1/4 Std.)	10 Min. vor dem Servieren: Blini aufbacken und auf eine Platte legen
Früchte des Meeres in klarer Bouillon				Bouillon zubereiten (1 1/2 Std.)	Früchte des Meeres vorbereiten und in Tassen verteilen (3/4 Std.)			1/4 Std. vor dem Servieren: Bouillon erhitzen, angießen Einlage in Tassen geben
Limonensorbet mit Champagner		Sorbet zubereiten (1 Std.)						5 Min. vor dem Servieren: Sorbet aufschlagen, in Gläser spritzen. Am Tisch Champagner angießen
Lachsfilet im Lauchbett mit Vermouthsauce			Lauch schneiden (1/4 Std.)	Lauch dünsten (20 Min.) Vermouthsauce zubereiten (3/4 Std.)	Lachsfilet vorbereiten (1/4 Std.)			1/2 Std. vor dem Servieren: Lachs garen (20 Min.) Sauce fertigstellen (10 Min.) Lachs anrichten (10 Min.)
Floriannes Schokoladentraum				Schokoladentörtchen backen (3/4 Std.)				1/4 Std. vor dem Servieren: Törtchen fertig backen (1/4 Std.) Sauce aufschlagen, Dessert anrichten (10 Min.)
Sauce „after eight"				Sauce „after eight" zubereiten (1/4 Std.)				

MENÜ IM DEZEMBER:

HEUTE, KINDER, WIRD'S WAS GEBEN

Menü	2 Wochen vorher	3 Tage vorher	2 Tage vorher	1 Tag vorher	EINLADUNGSTAG 3 Stunden vorher	2 Stunden vorher	1 Stunde vorher	Während des Menüs
Trilogie von Lebermousse auf Apfelgelee			Lebercremes zubereiten (1 1/2 Std.), kalt stellen				Apfelgelee verflüssigen, mit Lebernokkerl auf Teller geben (1/4 Std.)	Weißbrot toasten
Tante Esthers Austernsuppe				Spinat auftauen lassen	Suppe zubereiten (1/4 Std.)			5 Min. vor dem Servieren: Suppe erwärmen, in Tassen füllen
Birnensorbet			Sorbet zubereiten (1 Std.)					5 Min. vor dem Servieren: Sorbet aufschlagen, in Gläser spritzen
Poulardenbrust mit Salzzitronen sautiert	Salzzitronen einlegen (20 Min.)				Poulardenbrust zubereiten Sauce vorbereiten (1 Std.)			25 Min. vor dem Servieren: Rösti zubereiten Fleisch erwärmen Sauce fertigstellen Chicorée glasieren (10 Min.) Alles anrichten
Gedünsteter Chicorée					Chicorée blanchieren (20 Min.)			
Rösti				Kartoffeln kochen und pellen (25 Min.)	Kartoffeln reiben (1/4 Std.)			
Spanischer Wind mit Backpflaumen				Backpflaumen quellen lassen (1 Std.) Pflaumenmasse zubereiten (20 Min.) Souffléform vorbereiten (5 Min.)		Soufflémasse zubereiten, in Form füllen (1/2 Std.)	Soufflé mit Zucker bestreuen	Soufflé backen (40 Min.)
Halbgefrorenes mit Backpflaumen		Backpflaumen über Nacht quellen lassen	Halbgefrorenes zubereiten (20 Min.)		Eiskugeln formen, einfrieren (10 Min.)			5 Min. vor dem Servieren: Eis in Schüssel geben Soufflé zusammen mit Eis und Sahne servieren

MENÜ IM JANUAR:

DAS TULPENFEST

Menü	1 Woche vorher	4 Tage vorher	2 Tage vorher	1 Tag vorher	EINLADUNGSTAG 3 Stunden vorher	2 Stunden vorher	1 Stunde vorher	Während des Menüs
Weißes und Gelbes vom Lauch mit Vinaigrette, Ei- und Speckwürfeln				Lauch und Vinaigrette zubereiten (½ Std.) Ei und Speck würfeln, Speck braten (20 Min.)			Lauchstücke mit Vinaigrette, Ei und Speckwürfeln auf Teller geben	
Trüffelbrot					Am Vormittag: Hefeteig zubereiten (¾ Std.), gehen lassen (2 Std.) Brote formen und backen (1 Std.)			5 Min. vor dem Servieren: Brote erwärmen und aufschneiden
Muschelsuppe au Bistro				Suppe zubereiten (1 Std.) kalt stellen				¼ Std. vor dem Servieren: Suppe erwärmen und in Tassen füllen
Mariniertes Schweinskarree mit Honig glasiert			Schweinskarree marinieren (10 Min.)			Schweinskarree zubereiten (1¼ Std.)		¼ Std. vor dem Servieren: Fleisch erwärmen, Schalotten glasieren, Selleriepüree erwärmen. Fleisch und Schalotten auf einer Platte anrichten, Selleriepüree in eine Schüssel geben
süß-saure, glasierte Schalotten	Schalotten zubereiten (1½ Std.)							
Selleriepüree				Selleriepüree zubereiten (½ Std.)				
Zweierlei Mousse au chocolat			Weiße und dunkle Mousse au chocolat zubereiten (¾ Std.), beide kalt stellen					10 Min. vor dem Servieren: weiße und dunkle Mousse au chocolat anrichten
Gebackener Korb mit Blutorangensorbet	Gebäckkorb und Sorbet zubereiten (1½ Std.)				Sorbet zu Kugeln formen Orange schneiden (20 Min.)			Gebäckkorb mit Sorbetkugeln füllen und dekorieren

MENÜ IM FEBRUAR:
MASKERADE IN ROT-WEISS

Menü	1 Woche vorher	3 Tage vorher	2 Tage vorher	1 Tag vorher	EINLADUNGSTAG 3 Stunden vorher	2 Stunden vorher	1 Stunde vorher	Während des Menüs
Matjes in Sahne				Matjes schneiden (5 Min.) Sauce und Preiselbeerpüree zubereiten (10 Min.)	Matjes mit Sauce auf Teller geben und dekorieren (20 Min.)			
Klarer Borschtsch mit Hummerkrabben, Dill und Sahne				Borschtsch zubereiten (3 1/2 Std.) Rote-Bete-Spirale schneiden (5 Min.)				20 Min. vor dem Servieren: Piroggen aufbacken, Suppe wärmen, Krabben und Dill auf Teller geben, mit Suppe auffüllen
Piroggen		Piroggenteig zubereiten (1/4 Std.), ruhen lassen Füllung zubereiten (10 Min.)	Piroggen zubereiten (1 Std.)					
Roastbeef mit				Roastbeef vorbereiten (10 Min.)	Roastbeef aus dem Kühlschrank nehmen	Roastbeef braten und in Folie wickeln (3/4 Std.)		20 Min. vor dem Servieren: Roastbeef wärmen, Pilze füllen und garen, Gratin wärmen. Roastbeef aufschneiden, Pilze mit Sahne überbacken, alles anrichten
gefüllten weißen Champignons	einige Monate vorher möglich: Estragon einlegen (10 Min.)			Pilze vorbereiten, Füllung zubereiten (1/2 Std.)				
Gratin dauphinois					Gratin zubereiten (1 1/2 Std.)			
Rot-weißer Salat von Chicorée und Radicchio mit Roquefortsauce				Salate vorbereiten, in feuchtes Tuch einschlagen (1/4 Std.) Sauce zubereiten (10 Min.)				5 Min. vor dem Servieren: Salat, Walnüsse und Sauce mischen
Überglänzter Salat von Blutorangen					Blutorangen schneiden und in Schüssel legen (1/4 Std.)			1/4 Std. vor dem Servieren: Gelee wärmen und über Orangen ziehen, Chaudeau zubereiten
Chaudeau								
Petits fours		Petits fours zubereiten (1 1/4 Std.)						Petits fours auf Teller setzen

REZEPTVERZEICHNIS NACH JAHRESZEITEN

Alle Rezepte und jeweils eingerückt darunter die dazugehörigen Variationen oder gegebenenfalls eigenständige Rezeptkomponenten sind hier nach den Jahreszeiten sortiert.
Dem Frühling sind die Rezepte zu den Menüs im März, April und Mai, dem Sommer die zu denen im Juni, Juli und August, dem Herbst die zu denen im September, Oktober und November und dem Winter die zu denen im Dezember, Januar und Februar zugeordnet.
Die Rezepte aus dem Anhang sind im Anschluß extra angeführt. Wenn Sie ein neues Menü kreieren möchten, wird Ihnen dieses Verzeichnis beste Hilfe leisten.

FRÜHLING

Vorspeisen
Buttersauce mit Tiefseegarnelen und Dill 22
    Buttersauce mit Hummer- oder Krebsfleisch und Dill 22
    Buttersauce mit Tiefseegarnelen und Sauerampfer, Spinat oder Frühlingszwiebeln 22
Carpaccio mit Zitronenvinaigrette 44
Champignonterrine mit Entenleber auf Blutorangensauce 20
    Champignonterrine mit Hühnerleber auf Blutorangensauce 20
Fischmousse in Spitzkohl gehüllt 32
    Mousse aus geräucherten Forellenfilets in Spitzkohl gehüllt 32
Junges Gemüse im Spinatblatt 42
Lachssauce 43
    Aalsauce 43
    Thunfischsauce 43
Mousse vom Lachs 21
Sauerampfersauce 33
    Basilikumsauce 33
    Gurkensauce 33
    Kerbelsauce 33
    Sauerampfersauce mit Curry oder Safran 33
    Spinatsauce 33
    Vanillesauce 33

Hauptgerichte
Schweinefilet mit Salsa verde im Briocheteig 24
Strümper Spargel 46
    Spargelfondue 46
Tafelspitz und klare Bouillon 34
    Klare Bouillon 34

Beilagen
Blattsalate mit Vinaigrette 36
Blattspinat mit Mandeln 23
    Spinatsalat mit Champignons 23
    Spinat-Zitronen-Gratin 23
Grüne Sauce 36
Kasselermousse mit Gelee 45
    Gelee aus klarem Borschtsch 45
    Gelee aus klarer Bouillon 45
    Pochiertes Kasseler 45
Neue Kartoffeln mit Dill 46
Primeurs 34
    Primeurs als Suppeneinlage 34
Salsa verde 23
    Salsa verde als Sauce serviert 23
Sauce hollandaise 46

Desserts
Mandelbrot 49
Palatschinken surprise mit Rhabarber- und Erdbeercoulis 36
    Crêpes Suzette 37
    Suzettesauce 37
Pistazieneis mit Kiwicoulis und Kirschsauce 27
    Amarettoeis 27
    Marzipaneis 27
    Nußeis 27
Sorbet im Hemd 48
    Birnensorbet 48
    Erdbeersorbet 48
    Erdbeersorbet mit Melonencarpaccio 48
    Melonensorbet 48
Tuiles 26
    Tuiles als Dessertschälchen 26

SOMMER

Vorspeisen
Dorade en papillote 77
    Dorade en papillote mit Sauerampfer oder Pilzen 77
    Lachs, Merlan, Steinbutt, Seezunge oder Forelle en papillote 77
Gebeizte Forellenfilets mit Meerrettichsahne 65
    Dill-Meerrettich-Sahne 65
    Estragon-Meerrettich-Sahne 65
    Gebeizte Makrelen-, Lachs- oder Felchenfilets 65
    Trauben-Meerrettich-Sahne 65
Gurkensuppe 76
    Gurkencoulis 76
Klare Tomatensuppe mit Shrimps und Liebstöckelblättchen 64
    Klare kalte Tomatensuppe mit einer Kapuzinerkresseblüte 64
Velouté von jungen Erbsen 56
    Velouté von roten Beten 56
Vitello tonnato 54
    Pollo tonnato 54

Hauptgerichte
Heidschnuckenkarree (Lammkarree) 68
    Lammkarree 68
Junge Matjes auf Eis 57
Kalbskarree gefüllt mit Majoran in Johannisbeersauce 78
    Schweinskarree gefüllt mit Backpflaumen in Johannisbeersauce 78

Beilagen
Brunnenkressesalat mit Kapuzinerkresseblüten 81
    Salat aus frischen Spinatblättern mit gezupften Ringelblumenblütenblättern 81
    Feldsalat mit gezupften „Jelängerjelieber"-Blüten 81
    Frühlingssalate mit gezupften Akazienblüten 81
    Sommersalate mit gezupften Schnittlauch- und Geranienblüten 81
Dicke Bohnen 66
Grüne Bohnen 58
    Brokkoli mit Mandeln 58
Junge Gurken 66
Neue Kartoffeln in Butter sautiert mit Roquefort 80
    Neue Kartoffeln in Butter sautiert 80
Neue Kartoffeln 58

Desserts
Grüne Torte 71
    Grüne Torte mit Waldheidelbeeren, Walderdbeeren oder Himbeeren 71
    Grüne Torte mit Sahnefüllung 71
Johannisbeerquiche 69
Mandelfeuilletés 83
Überkrustete Sommerfrüchte 59
    Überkrustete Johannisbeeren, Brombeeren, Pflaumen oder Aprikosen 59
    Überkrusteter Rhabarber 59
    Überkrustete Sommeräpfel 59
Viererlei Kissels 82
    Kissels aus Stachelbeeren, Johannisbeeren, Himbeeren oder Pflaumen 82

HERBST

Vorspeisen
Früchte des Meeres in klarer Bouillon 111
    Drei Meeresfrüchte auf Gurkencoulis 111
Heilbutt im Garten 89
    Grilltomaten 89
Sellerievelouté 100
    Möhrenvelouté 100
Siebensauce 99
Steinpilzsuppe mit Blätterteighäubchen 88
    Austernpilzsuppe mit Blätterteighäubchen 88
    Champignonsuppe mit Blätterteighäubchen 88

Terrine von zweierlei Lachs mit Feigen 98
    Lachsmousse mit warmen Blini 98
Winzige Blini mit Hering, Kaviar und Crème fraîche 110
    Blini als Amuses gueules 110
    Größere Blini 110

Hauptgerichte

Hasenrücken im Pilzwald 103
Königsberger Klopse in Aalsauce mit Fisolen 90
Lachsfilet im Lauchbett mit Vermouthsauce 112
    Sauerampfer-Vermouth-Sauce 113

Beilagen

Spätzle 101
Spinatsoufflé 101
Wildreis 112

Desserts

Brombeerbavaroise mit Coulis von Brombeeren 92
    Erdbeerbavaroise mit Coulis von Erdbeeren 92
    Vanillesauce 92
Coulis von Weinbergpfirsichen 105
    Coulis von Aprikosen oder Pflaumen 105
    Coulis von Sauerkirschen 105
    Coulis von Sommerbeeren 105
Floriannes Schokoladentraum 114
    Schokoladenfüllung für Crêpes 114
    Schokoladenkuchen 114
Halbgefrorener Vacherin mit frischen Walnüssen 104
    Halbgefrorener Vacherin mit Pistazien, Mandeln oder Haselnüssen 104
Sauce „After Eight" 115
    Zimtsauce 115

WINTER

Vorspeisen

Klarer Borschtsch mit Hummerkrabben, Dill und Sahne 145
Matjes in Sahne 144
Muschelsuppe au Bistro 134
Rot-weißer Salat von Chicorée und Radicchio mit Roquefortsauce 150
    Salat von rohen Champignons, rotem Paprika und roten Blattsalaten 150
Tante Esthers Austernsuppe 122
Trilogie von Lebermousse auf Apfelgelee 120
Weißes und gelbes vom Lauch mit Vinaigrette, Ei- und Speckwürfeln 133
    Feldsalat mit Vinaigrette, Ei- und Speckwürfeln 133

Hauptgerichte

Mariniertes Schweinekarree mit Honig glasiert 136
Poulardenbrust mit Salzzitronen sautiert 123
    Kalbsbraten mit Salzzitronen sautiert 123
Roastbeef 149

Beilagen

Baguette 132
    Kümmelbrötchen 132
Eingelegte Estragonblätter 147
    Eingelegter Dill 147
    Eingelegtes Basilikum 147
Gedünsteter Chicorée 125
    Gratinierter Chicorée 125
Gefüllte weiße Pilze 149
    Mit Knoblauch-Petersilien-Farce gefüllte Champignons 149
Gratin Dauphinois 147
    Kartoffelgratin mit Butter 147
    Kartoffelgratin mit Roquefort 147
Piroggen 146
Rösti 125
Selleriepüree 135
Süß-saure, glasierte Schalotten 135
Trüffelbrot 132

Desserts

Chaudeau (Warme Weinschaumsauce) 151
    Champagner-Chaudeau 151
    Chaudeau au Sherry 151
Gebackener Korb mit Blutorangensorbet 138
    Brandyrolls 138
Halbgefrorenes mit Backpflaumen 127
    Halbgefrorenes aus kandierten Früchten unter Schokoladenkruste 127
Rot-weiße Petits fours 152
    Größere Petits fours 152
Spanischer Wind mit Backpflaumen 126
Überglänzter Salat von Blutorangen 151
Zweierlei Mousse au chocolat 139
    Dunkle Mousse au chocolat 139
    Weiße Mousse au chocolat 139

APPETITHAPPEN FÜR DEN EMPFANG

Crudités mit Siebensauce 154
Feigen mit Schinken 154
Kaviarversuchung 154
Kleine Windbeutel 155
    Kleine Windbeutel mit Kalbsleberwurst 155
    Kleine Windbeutel mit Kräuterquark 155
    Kleine Windbeutel mit Mandel- oder Walnußsahne 155
    Kleine Windbeutel mit Preiselbeersahne 155
Lachsröllchen 154
Lachsröllchen auf Pumpernickel 155
Tatarbällchen 155
Trauben-Käse-Bällchen 155
Zuckerschoten mit Mascarponefüllung 155
    Zuckerschoten mit Hummerkrabben 155

SORBETS

Sorbets aus Blütenessenzen 156
    Holunderblütensorbet 156
    Lindenblütensorbet 156
    Veilchensorbet 156
Sorbets aus gekochten Obstsäften 157
    Pflaumensorbet 157
    Quittensorbet 157
    Sorbet aus Cox-Orange-Äpfeln 157
Sorbet aus Gemüsepüree 157
    Gurkensorbet 157
    Tomatensorbet 157
Sorbets aus rohen Obstsäften 157
    Limonensorbet 157
    Sorbet aus rosa Grapefruit 157
    Zitronensorbet 157

KLEINE VORRATSKAMMER

Apfelgelee mit Blüten oder Kräutern 161
Blutorangensauce 160
Blutorangensirup 160
Confit aus roten Zwiebeln 159
Gekochte Obstsäfte 159
In Salz eingelegte Zitronen 158
Johannisbeergelee 161
Kandierte Blüten und Blätter 161
    Kandierte Minzeblättchen 161
    Kandierte Rosen 161
    Kandierte Stiefmütterchen 161
    Kandierte Veilchen 161
    Kandierte Zitronenmelisseblättchen 161
Orangengelee 160
Süße Früchte 161
    Gezuckerte Johannisbeeren 161
    Mit Schokolade überzogene Sauerkirschen oder Erdbeeren 161
Süß-saure Pflaumen 158
Ungekochte Obstsäfte 159
Würziges Gelee von schwarzen Johannisbeeren 160
Zucker mit Aroma 160
    Lindenblütenzucker 160
    Orangenblütenzucker 160
    Orangenzucker 160
    Vanillezucker 160
    Veilchenblütenzucker 160
    Zitronenzucker 160

ALPHABETISCHES REZEPTVERZEICHNIS

Hier finden Sie in alphabetischer Reihenfolge alle Rezepte, eigenständige Rezeptkomponenten, wie zum Beispiel Saucen, sowie Rezeptvariationen, die dieses Buch enthält.

Aalsauce 43
Amarettoeis 27
Apfelgelee mit Blüten oder Kräutern 161
Austernpilzsuppe mit Blätterteighäubchen 88
Austernsuppe, Tante Esthers 122
Baguette 132
Basilikum, eingelegtes 147
Basilikumsauce 33
Birnensorbet 48
Blattsalate mit Vinaigrette 36
Blattspinat mit Mandeln 23
Blini, größere 110
Blini, winzige, mit Hering, Kaviar und Crème fraîche 110
Blini als Amuses gueules 110
Blüten und Blätter, kandierte 161
Blutorangensauce 160
Blutorangensirup 160
Blutorangensorbet 138
Bohnen, dicke 66
Bohnen, grüne 58
Borschtsch, klarer, mit Hummerkrabben, Dill und Sahne 145
Bouillon, klare 34
Brandyrolls 138
Brokkoli mit Mandeln 58
Brombeerbavaroise mit Coulis von Brombeeren 92
Brunnenkressesalat mit Kapuzinerkresseblüten 81
Buttersauce mit Hummer- oder Krebsfleisch und Dill 22
Buttersauce mit Tiefseegarnelen und Dill 22
Buttersauce mit Tiefseegarnelen und Sauerampfer, Spinat oder Frühlingszwiebeln 22
Carpaccio mit Zitronenvinaigrette 44
Champagner-Chaudeau 151
Champignons, mit Knoblauch-Petersilienfarce gefüllt 149
Champignonsuppe mit Blätterteighäubchen 88
Champignonterrine mit Entenleber auf Blutorangensauce 20
Champignonterrine mit Hühnerleber auf Blutorangensauce 20
Chaudeau (Warme Weinschaumsauce) 151
Chaudeau au Sherry 151
Chicorée, gedünsteter 125
Chicorée, gratinierter 125
Confit aus roten Zwiebeln 159
Coulis von Aprikosen oder Pflaumen 105
Coulis von Brombeeren 92
Coulis von Sauerkirschen 105
Coulis von Sommerbeeren 105
Coulis von Weinbergpfirsichen 105
Crêpes Suzette 37
Crudités mit Siebensauce 154
Dicke Bohnen 66
Dill, eingelegter 147
Dill-Meerrettich-Sahne 65
Dorade en papillote 77
Dorade en papillote mit Sauerampfer oder Pilzen 77
Drei Meeresfrüchte auf Gurkencoulis 111
Dunkle Mousse au chocolat 139
Eingelegte Estragonblätter 147
Erdbeerbavaroise mit Coulis von Erdbeeren 92
Erdbeercoulis 37
Erdbeeren, mit Schokolade überzogen 161
Erdbeersorbet 48
Erdbeersorbet mit Melonencarpaccio 48
Estragonblätter, eingelegte 147
Estragon-Meerrettich-Sahne 65
Feigen mit Schinken 154
Feldsalat mit gezupften „Jelängerjelieber"-Blüten 81

Feldsalat mit Vinaigrette, Ei- und Speckwürfeln 133
Fischmousse in Spitzkohl gehüllt 32
Forellenfilets, gebeizte, mit Meerrettichsahne 65
Früchte, süße 161
Früchte des Meeres in klarer Bouillon 111
Frühlingssalate mit gezupften Akazienblüten 81
Gebackener Korb mit Blutorangensorbet 138
Gebeizte Forellenfilets mit Meerrettichsahne 65
Gebeizte Makrelen-, Lachs- oder Felchenfilets 65
Gedünsteter Chicorée 125
Gefüllte weiße Pilze 149
Gelee, würziges, von schwarzen Johannisbeeren 160
Gelee aus klarem Borschtsch 45
Gelee aus klarer Bouillon 45
Gemüse, junges, im Spinatblatt 42
Gezuckerte Johannisbeeren 161
Gratin Dauphinois 147
Grilltomaten 89
Grüne Bohnen 58
Grüne Sauce 36
Grüne Torte 71
Grüne Torte mit Sahnefüllung 71
Grüne Torte mit Waldheidelbeeren, Walderdbeeren oder Himbeeren 71
Gurken, junge 66
Gurkencoulis 76
Gurkensauce 33
Gurkensorbet 157
Gurkensuppe 76
Halbgefrorener Vacherin mit frischen Walnüssen 104
Halbgefrorener Vacherin mit Pistazien, Mandeln oder Haselnüssen 104
Halbgefrorenes aus kandierten Früchten unter Schokoladenkruste 127
Halbgefrorenes mit Backpflaumen 127
Hasenrücken im Pilzwald 103
Heidschnuckenkarree (Lammkarree) 68
Heilbutt im Garten 89
Holunderblütensorbet 156
In Salz eingelegte Zitronen 158
Johannisbeeren, Brombeeren, Pflaumen oder Aprikosen, überkrustete 59
Johannisbeergelee 161
Johannisbeersorbet 161
Johannisbeerquiche 69
Junge Gurken 66
Junge Matjes auf Eis 57
Junges Gemüse im Spinatblatt 42
Kalbsbraten mit Salzzitronen sautiert 123
Kalbskarree gefüllt mit Majoran in Johannisbeersauce 78
Kandierte Blüten und Blätter 161
Kandierte Minzeblättchen 161
Kandierte Rosen 161
Kandierte Stiefmütterchen 161
Kandierte Veilchen 161
Kandierte Zitronenmelisseblättchen 161
Kartoffelgratin mit Butter 147
Kartoffelgratin mit Roquefort 147
Kartoffeln, neue, in Butter sautiert mit Roquefort 80
Kasselermousse mit Gelee 45
Kaviarversuchung 154
Kerbelsauce 33
Kirschsauce 27
Kissels, viererlei 82
Kissels aus Stachelbeeren, Johannisbeeren, Himbeeren oder Pflaumen 82
Klare Bouillon 34
Klarer Borschtsch mit Hummerkrabben, Dill und Sahne 145
Klare Tomatensuppe mit Shrimps und Liebstöckelblättchen 64
Kleine Windbeutel mit Kalbsleberwurst 155
Kleine Windbeutel mit Kräuterquark 155
Kleine Windbeutel mit Mandel- oder Walnußsahne 155
Kleine Windbeutel mit Preiselbeersahne 155
Königsberger Klopse in Aalsauce mit Fisolen 90

Korb, gebackener, mit Blutorangensorbet 138
Kümmelbrötchen 132
Lachs, Merlan, Steinbutt, Seezunge oder Forelle en papillote 77
Lachsfilet im Lauchbett mit Vermouthsauce 112
Lachsmousse mit warmen Blini 98
Lachsröllchen 154
Lachsröllchen auf Pumpernickel 155
Lachssauce 43
Lammkarree 68
Lauch, weißes und gelbes vom, mit Vinaigrette, Ei- und Speckwürfeln 133
Limonensorbet 157
Lindenblütensorbet 156
Lindenblütenzucker 160
Mandelbrot 49
Mandelfeuilletés 83
Mariniertes Schweinskarree mit Honig glasiert 136
Marzipaneis 27
Matjes, junge, auf Eis 57
Matjes in Sahne 144
Meerrettichsahne 65
Melonensorbet 48
Möhrenvelouté 100
Mousse aus geräucherten Forellenfilets in Spitzkohl gehüllt 32
Mousse von Lachs 21
Muschelsuppe au Bistro 134
Neue Kartoffeln in Butter sautiert 80
Neue Kartoffeln in Butter sautiert mit Roquefort 80
Neue Kartoffeln mit Dill 46
Neue Kartoffeln 58
Nußeis 27
Obstsäfte, gekochte 159
Obstsäfte, ungekochte 159
Orangenblütenzucker 160
Orangengelee 160
Orangenzucker 160
Palatschinken surprise mit Rhabarber- und Erdbeercoulis 36
Petits fours, größere 152
Petits fours, rot-weiße 152
Pflaumen, süß-saure 158
Pflaumensorbet 157
Pilze, gefüllte weiße 149
Pirogen 146
Pistazieneis mit Kiwicoulis und Kirschsauce 27
Pochiertes Kasseler 45
Pollo tonnato 54
Poulardenbrust mit Salzzitronen sautiert 123
Primeurs 34
Primeurs als Suppeneinlage 34
Quittensorbet 157
Rhabarber, überkrusteter 59
Rhabarbercoulis 37
Roastbeef 149
Roquefortsauce 150
Rösti 125
Rot-weiße Petits fours 152
Rot-weißer Salat von Chicorée und Radicchio mit Roquefortsauce 150
Salat, rot-weißer, von Chicorée und Radicchio mit Roquefortsauce 150
Salat, überglänzter, von Blutorangen 151
Salat aus frischen Spinatblättern mit gezupften Ringelblumenblütenblättern 81
Salat von rohen Champignons, rotem Paprika und roten Blattsalaten 150
Salsa verde 23
Salsa verde als Sauce serviert 23
Sauce „After Eight" 115
Sauce hollandaise 46
Sauerampfersauce 33
Sauerampfersauce mit Curry oder Safran 33
Sauerampfer-Vermouth-Sauce 113
Sauerkirschen, mit Schokolade überzogen 161
Schalotten, süß-saure, glasierte 135
Schokoladenfüllung für Crêpes 114
Schokoladenkuchen 114
Schweinefilet mit Salsa verde im Briocheteig 24

Schweinskarree, mariniertes, mit Honig glasiert 136
Schweinskarree gefüllt mit Backpflaumen in Johannisbeersauce 78
Selleriepüree 135
Sellerievelouté 100
Siebensauce 99
Sommerfrüchte, überkrustete 59
Sommersalate mit gezupften Schnittlauch- und Geranienblüten 81
Sorbet aus Cox-Orange-Äpfeln 157
Sorbet aus gekochten Obstsäften 157
Sorbet aus Gemüsepüree 157
Sorbet aus rohen Obstsäften 157
Sorbet aus rosa Grapefruit 157
Sorbet im Hemd 157
Sorbets aus Blütenessenzen 156
Spanischer Wind mit Backpflaumen 126
Spargelfondue 46
Spätzle 101
Spinatsalat mit Champignons 23
Spinatsauce 33
Spinatsoufflé 101
Spinat-Zitronen-Gratin 23
Steinpilzsuppe mit Blätterteighäubchen 88
Strümper Spargel 46
Süße Früchte 161
Süß-saure, glasierte Schalotten 135
Süß-saure Pflaumen 158
Suzettesauce 37
Tafelspitz und klare Bouillon 34
Tatarbällchen 155
Terrine von zweierlei Lachs mit Feigen 98
Thunfischsauce 43
Tomatensorbet 157
Tomatensuppe, klare, kalte, mit einer Kapuzinerkresseblüte 64
Tomatensuppe, klare, mit Shrimps und Liebstöckelblättchen 64
Torte, grüne 71
Trauben-Käse-Bällchen 155
Trauben-Meerrettich-Sahne 65
Trilogie von Lebermousse auf Apfelgelee 120
Trüffelbrot 132
Tuiles 26
Tuiles als Dessertschälchen 26
Überglänzter Salat von Blutorangen 151
Überkrustete Johannisbeeren, Brombeeren, Pflaumen oder Aprikosen 59
Überkrusteter Rhabarber 59
Überkrustete Sommeräpfel 59
Überkrustete Sommerfrüchte 59
Ungekochte Obstsäfte 159
Vacherin, halbgefrorener, mit frischen Walnüssen 104
Vacherin, halbgefrorener, mit Pistazien, Mandeln oder Haselnüssen 104
Vanillesauce 33, 92
Vanillezucker 160
Veilchenblütenzucker 160
Veilchensorbet 156
Velouté von jungen Erbsen 56
Velouté von roten Beten 56
Vermouthsauce 112
Viererlei Kissels 82
Vitello tonnato 54
Weiße Mousse au chocolat 139
Weißes und gelbes vom Lauch mit Vinaigrette, Ei- und Speckwürfeln 133
Wildreis 112
Windbeutel, kleine 155
Windbeutel, kleine, mit Kalbsleberwurst 155
Windbeutel, kleine, mit Kräuterquark 155
Windbeutel, kleine, mit Mandel- oder Walnußsahne 155
Windbeutel, kleine, mit Preiselbeersahne 155
Winzige Blini mit Hering, Kaviar und Crème fraîche 110
Würziges Gelee von schwarzen Johannisbeeren 160
Zimtsauce 115
Zitronen, in Salz eingelegte 158
Zitronensorbet 157
Zitronenzucker 160
Zucker mit Aroma 160
Zuckerschoten mit Hummerkrabben 155
Zuckerschoten mit Mascarponefüllung 155
Zweierlei Mousse au chocolat 139